无极球

理论与实操

刘林青 林金源 著

北京大学出版社
PEKING UNIVERSITY PRESS

内 容 简 介

无极球运动是以特制球体为运动工具,采取独特的循环缠绕圆运动方式所进行的一项全身协调运动。本书共分五章内容,具体包括:无极球的起源与创新、无极球的功用与特点、无极球的习练方法与要求、无极球的当代优势需要、无极球的核心动作技术提升。

本书既可作为高等院校体育教学的教材,以满足不同层次和不同兴趣爱好的学生的需求,也可作为研究中国传统文化运动的社会各界人士的参考用书。

图书在版编目(CIP)数据

无极球理论与实操 / 刘林青,林金源著. —北京:北京大学出版社, 2022.5
ISBN 978-7-301-33014-2

Ⅰ. ①无… Ⅱ. ①刘… ②林… Ⅲ. ①健身球运动–基本知识 Ⅳ. ①G849.9

中国版本图书馆CIP数据核字(2022)第080802号

书　　　名	无极球理论与实操 WUJIQIU LILUN YU SHICAO
著作责任者	刘林青　林金源　著
责任编辑	王显超　郑双
标准书号	ISBN 978-7-301-33014-2
出版发行	北京大学出版社
地　　　址	北京市海淀区成府路 205 号 100871
网　　　址	http://www.pup.cn 新浪微博:@北京大学出版社
电子信箱	pup_6@163.com
电　　　话	邮购部 010-62752015 发行部 010-62750672 编辑部 010-62750667
印　刷　者	三河市北燕印装有限公司
经　销　者	新华书店
	730 毫米×1020 毫米　16 开本　13 印张　182 千字 2022 年 5 月第 1 版　2022 年 5 月第 1 次印刷
定　　　价	48.00 元

未经许可,不得以任何方式复制或抄袭本书之部分或全部内容。
版权所有,侵权必究
举报电话:010-62752024 电子信箱:fd@pup.pku.edu.cn
图书如有印装质量问题,请与出版部联系,电话:010-62756370

《无极球理论与实操》编写委员会

主　　编　刘林青　林金源

编委会成员（按姓氏笔画排）

　　　　　王　凯　王　晖　王　超　王　晶　王志斌

　　　　　王春玉　伍国忠　江茂求　杨善德　李海山

　　　　　何书军　余　红　陈光绍　陈明烽　周卫中

　　　　　费维德　高　歌　曹素琴　商相芹　童剑峰

　　　　　曾　文　谢　静

主　　审　毛智和

前 言

中国正进入一个大健康时代，健康是一种自由，也是一份责任。从小处说，健康是对自己、家庭的一份责任；从大处说，健康是对社会、国家的一份责任。

对现代人来说，高科技的医疗手段只能解决疾病的"标"而不能治"本"，只有树立正确的健康理念、倡导科学的生活方式和运动方式，才能从根本上解决健康问题。无极球运动为人们提供了一种创新务实的健康运动方式，让人们能够改善自己的身体状况，更加了解健康的本质意义。

无极球运动是在中华传统运动养生功法发展历程中诞生的一种运动方式，既有传承性又有创新性。这项运动要义清晰、动作简单，不刻意强调基本功训练且操作安全，能真正帮助习练者激发身体的潜能，是极为务实的一种健身、养心、益智的健康运动方式。此外，无极球运动还是一项不受条件限制的运动，可利用碎片化时间进行锻炼，在家、办公室、社区、公园甚至旅途中，都可进行锻炼。

本书采用先理论后实操的方式编写。全书共包含五章内容，就无极球运动的起源与创新、功用与特点、习练方法与要求、当代优势需要等方面进行论述；详细介绍了无极球习练体位的多样性选择与进阶功法、套路与辅助功法等具体的实操训练内容。

本书由刘林青、林金源所著，王春玉、王凯、余红、费维德等几位无极球教练参与了第五章部分内容的编写。

本书的出版得到了上海神圆文化有限公司的大力支持，在此特别表示感谢；尤其要感谢何书军、童剑峰两位先生对本书出版的倾情关怀及对无极球运动开展所做的努力；感谢北京大学体育教研部毛智和副教授对本书的指导；感谢国家体育总局社会体育指导中心全国无极球推广委员会杨善德主任、周卫中副主任兼秘书长、李海山委员对无极球运动的指导！

由于有关无极球运动的历史资料极为贫乏，书中疏漏之处在所难免，敬请广大读者多提宝贵意见，以便再版时进一步完善。

编　者
2021 年 6 月 18 日

目 录

第一章 无极球的起源与创新 1

第一节 无极球说 2
一、无极球的习练作用 2
二、无极球的分类和练法 4

第二节 传承中华传统运动养生功法 5
一、中华传统运动养生功法的传承性 5
二、中华传统运动养生境界的传承性 6

第三节 无极球的创新性 7
一、具象化 7
二、标准化 8

第二章 无极球的功用与特点 10

第一节 无极球的功用 11
一、健身 11
二、养心 12
三、益智 13

第二节 无极球的特点 14
一、简易 14
二、方便 15
三、高效 15
四、安全 15
五、普适 16

第三章 无极球的习练方法与要求 17

第一节 心静 18
第二节 意专 20
第三节 气顺 22

第四节　体松 ··· 24
第五节　转沉 ··· 27
第六节　劲整 ··· 28

第四章　无极球的当代优势需要 ·· 32

第一节　大健康时代的需要 ··· 33
　　一、无极球健身养生的价值追求 ·· 33
　　二、无极球促进家庭和乐的价值 ·· 35
　　三、无极球增进社会和谐的价值 ·· 36
第二节　传统文化传承发展的需要 ·· 37
　　一、无极球丰富了大众健康文化生活 ······································ 37
　　二、发展无极球运动促进民族文化认同 ··································· 38
第三节　无极球为国际社会贡献了一张很好的运动处方 ················· 40

第五章　无极球的核心动作技术提升 ······································ 42

第一节　无极球初级动作技术——顺逆缠 ···································· 43
　　一、顺缠 ··· 43
　　二、逆缠 ··· 54
　　三、顺逆缠综合 ·· 62
第二节　无极球中级动作技术——顺逆搓 ···································· 78
　　一、顺搓 ··· 78
　　二、逆搓 ·· 110
　　三、顺逆搓综合 ··· 129
第三节　无极球高级动作技术——顺逆发劲 ······························· 148
　　一、顺发劲 ·· 148
　　二、逆发劲 ·· 157
第四节　无极球规定套路 ·· 167
　　一、初级规定套路 ·· 167
　　二、中级规定套路 ·· 182

第一章 无极球的起源与创新

太极之先，本为无极，鸿蒙一炁，混然不分。故无极为太极之母，即万物先天之机也。二炁分，天地判，始成太极。二炁为阴阳，阴静阳动，阴息阳生。天地分清浊，清浮浊沉，清高浊卑，阴阳相交，清浊相媾，氤氲化生，始育万物。

人之生世，本有一无极，先天之机是也。迨入后天，即成太极。故万物莫不有无极，亦莫不有太极也。人之作用，有动必静，静极必动，动静相因，而阴阳分，浑然一太极也。人之生机，全恃神气。气清上浮，无异上天；神凝内敛，无异下地。神气相交，亦宛然一太极也。

——明·张三丰

第一节　无极球说

无极球者，得名于无极，传承于太极。无极球功法源远流长。关于古文献中将球类作为辅助运动的文字记载，较早的有战国时期《庄子·杂篇·徐无鬼第二十四》的"市南宜僚弄丸而两家之难解"。据查，将球作为武术辅助运动有图可考者，可见四川出土的汉代画像砖拓本。

一、无极球的习练作用

无极球功法是中华传统运动养生内功修炼的一种方式，历代养生高手对此功法都是喜爱备至且苦练不辍。长期习练无极球对内劲的增长、体悟中华传统运动养生之精髓有独到之功。

第一，习练无极球有利于理解阴阳之理。无极球是一个易理的形象教具和道具，经常不断地观察、联想和体验球体的阴阳两面——阴中有阳、阳中有阴、阴阳鱼际的 S 曲线，可以探析推求阴阳辩证哲理，能更加了解阴阳是一切事物生成变化的源泉和动力。

　　第二，习练无极球有利于理解和掌握中华传统运动养生功法的真谛。 习练功法中最易出现谈功法头头是道，但做各种招式时却怎么做也做不正确的现象。实地抱球习练后，理不讲自明、不说自通。什么虚领顶劲、沉肩坠肘、含胸拔背、活腰落胯，不管讲多少，不如抱球一转动。肩有松垂而不架，胸有外张内含而无外挺，也更利于落胯活腰旋转灵活。

　　第三，习练无极球有利于套路演练的走架运劲。 打套路最易出现的毛病是直硬断续不能圆活，拳势断续而不能连绵不断。持球习练有利于去僵求柔，举手投足弧形圆转，拳势相接无断续且转换圆活。无极球的揉滚最益于克服手法步法的僵直，特别是能够以先意动身动来带动手脚的动。由于球的重量始终相压于身上，自然提供了一动必须全身齐动的条件，这样就易于形成下盘稳固、落胯活腰、手脚齐动的整体运动风格。

　　第四，习练无极球有利于推手内劲的掌握。 要掌握中华传统运动养生拳内劲必须练推手，而提高推手内劲需靠无极球习练来提高。推手的要领是"牵动四两拨千斤，引进落空合即出，沾连粘随不丢顶"。手持球，两手相互倒换，球有重量而不能脱落，要做出旋转滚动的各种动作，一个动作既有上下滚动，也有左右的旋转，在两手交替的过程中，用力不能猛又不脱落。手与球相接用力适度，不及不过，可易于体味沾连粘随不丢不顶的分寸。发力时不是单方向、单角度的转换，要做到自身中正不偏，用力始终均匀，这样自然纠正了丢顶的毛病，做到发力无形无象、能借能化能打，化打合一的混元内劲。此外，在习练过程中许多不能柔化的动作角度和劲路，借助球体的转动就能做到。长期揉练无极球可以使习练者达到事半功倍的效果。

　　第五，习练无极球有利于修炼基本功，不断溢养内气。 练轻球可加大抻筋拔骨的幅度，达到全骨节的开张拉长，增强身体的柔韧性；练重球可加强骨质密度和筋腱肌肉的弹性强度。大重量在大角度的抻坠、拧转变化，能够锤炼斜中求正，以加强不同体位的平衡性及力量，使全身关节和肌肉得到最充分的锻炼，关节打开了，骨节松开了，听劲和化劲的灵敏度自会增强。有了全身的节节开张和超强的柔韧性，才有修炼丹田内转溢养内气的基础。通过持球站桩，可提高意守入定及静功质量。通过抱球按压腹部，由外而内、由内而外交会地揉滚下丹田，外转带动内转，易于调动内气，球体外动带动腹内圆转自如，内气便可增强而溢养丹田。丹田内气的充盈，不仅可以强化内脏各器官功能，而且可以强健筋骨。无极球的最大好处，就是起到抻筋拔骨、筑基丹田的作用。

无极球的习练方法和中华传统运动养生一样，动作柔和，轻松自如，连绵不断，如清风拂柳，似流水行云，给人一种美的气势磅礴的感觉；如若神形合一，人随球转，球随人走，人球一体，最终会达到人球合一。

二、无极球的分类和练法

（一）无极球的分类

（1）无极球按重量进行分类，可以分为轻球、中球、重球。

（2）无极球按材质进行分类，可以分为木质无极球、特殊材质无极球。其中，较为普遍的是木质无极球，但是重量控制只能靠改变它的体积大小实现；而特殊材质无极球要想控制重量，可以通过改变它的密度实现，这样就可以保证它的体积不变，轻松满足习练者对不同练功强度的需求。

（二）无极球的练法

（1）将球放在桌面、石板、石槽上揉动或滚动。这种球一般是木质或石质的，较重。揉动时讲究方位，暗藏武术技击的劲路、身法、步法。

（2）在侧立的平面上（墙或立起的木板等）揉动铁球或石球。这种方法可以增强双臂的力量，揉动球的重量可达数十千克。

（3）持球做各种动作，用球协调身体，使人体内外与球合为一体。采用这种练法的球的重量一般较轻。

第二节　传承中华传统运动养生功法

一、中华传统运动养生功法的传承性

无极球习练强调要做到一裹、二柔、三匀、四弹，这与中华传统运动养生功法习练的基本特点是一致的。

（一）裹

习练无极球看起来运动量很小，其实不然，它习练的内容非常全面，牵扯全身各个部位，很多动作都是"一动无不动"的全身动作，因此，健身效果特别好。

无极球习练不仅能帮助习练者很快掌握中华传统运动养生功法要领，有效促进经脉的气血流通，为强身祛病打下基础，而且能实现松腰的目的。

习练无极球松腰法重在"裹"：将无极球裹在怀里习练，可柔韧形体，抻筋拔骨；可使束缚人体上下气血流通的带脉流畅无滞，内气充足；可养成意在形先、心念专一的习惯。

（二）柔

无极球习练要求柔和协调，采用由柔而刚、刚柔互变的路径，遵循中华传统运动养生功法的基本风格，这也是其具有养生价值的重要原因。由柔而刚,能适应各种体质的人习练,能让弱者变为强者。化僵成柔,练柔成刚,刚为柔用,刚柔互根,刚柔互化,刚柔互济。

(三)匀

无极球习练重视协调匀缓,以匀缓、细腻、圆润、协调者为上品。匀速、慢节奏是为了便于协调,在匀缓、细腻、圆润中体会身体内部的协调,体会小肌肉群的协调,体会意、气、身的协调,体会身心合一的协调。协调则身心舒畅,协调则气脉通畅,这就是所谓的"太极者,太和也"。

(四)弹

无极球运动要求的弹,即为浪涌。波浪运动是物质运动的普遍方式,也是最省力的运动方式。物质运动有三种波:反映垂直运动的蚕行波、反映水平扭动的蛇行波、反映拉张挤压的蠕行波(源自地质学家张伯声地壳波浪镶嵌说)。无极球运动就是要完美地反映浪涌三种波:腰脊S运动,作蚕行波;身体拧裹,作蛇行波;提胸贴背吸气、气沉丹田呼气而挤压身体,作蠕行波。

二、中华传统运动养生境界的传承性

无极球习练在遵循以上特点时,会出现习练进阶的四层境界。

(一)第一层境界

习练者:初学

习练劲法:肌肉力转

习练状态:前俯后仰

与无极球关系:与球为敌,欲征服之

（二）第二层境界

习练者：习练有些时日

习练劲法：以身变手

习练状态：松肩旋脊

与无极球关系：以球为友，软手借扶

（三）第三层境界

习练者：习练娴熟

习练劲法：以气变手

习练状态：崩弹活胯

与无极球关系：以球为宝，人球合一

（四）第四层境界

习练者：臻以完美

习练劲法：以意变手

习练状态：内劲蓬生

与无极球关系：以球为空，人球两忘

第三节　无极球的创新性

一、具象化

中华传统运动养生功法的每一式都有球感的内在境界，其目的是用意气聚集能量。这个能量为内外之气的融合，属于气的凝聚态，具有能量、质量、信息三层内涵合一之效。

过去大家想习练中华传统运动养生功法，主要是采取无球之球的训练方式，这对很多人而言是相当抽象的，加之动作复杂难记，因此许多人习练一段时间后便萌生弃意。在太极界有一句俗语："十年太极不出门"，就是说明这个问题。无极球把中华传统运动养生抽象的理念通过真实可感的具象球体表达出来让人体悟。古传中华传统运动养生图本身就是内含阴阳鱼的球体运动，因此，把无极球习练融入中华传统运动养生功法锤炼身心的全过程本身就是中华传统运动养生的重要体现。

二、标准化

（一）无极球分级

无极球可分为普适球、定位球、升级球三种。所有人都要从普适球开始习练，习练一段时间后，根据实际情况再选择一种重量及大小适合的无极球来作为自己的定位球，以此为基础进行不断的升级习练。无极球的分级如图 1-1 所示。

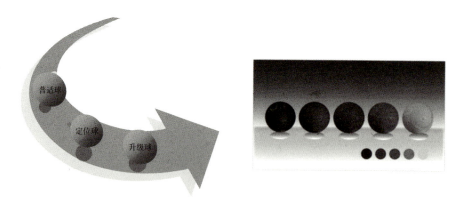

图 1-1　无极球的分级

（二）无极球制作标准

无极球包含内、外两层，内、外两层均由不同的环保材料制成。无极球的规格及重量配比如图 1-2 所示。

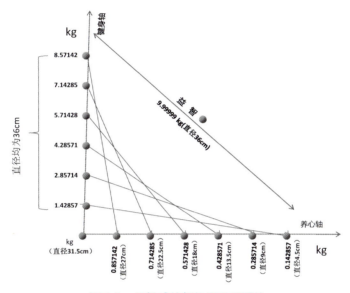

图 1-2　无极球的规格及重量配比

第二章 无极球的功用与特点

第一节 无极球的功用

无极球运动如蛇缠物状，将无极球环抱缠绕于两臂，两臂松软含气，肩、肘、腰、腹相互引动，自然带动无极球做顺缠转或逆缠转，以达到锻炼身体深层的小肌肉，加强大脑对肢体及骨骼肌肉组织的神经感应及支配，再配合正确的呼吸方法进行全身协调运动的目的。无极球具有健身、养心、益智的功用。

一、健身

（一）无极球健身原理

一是脊柱养生，通过运动，恢复脊柱正常的力学结构和运动功能。

二是脏腑按摩，促进脏腑蠕动消化及血液循环。

三是牵引腰肾，提高腰的灵活性，增强平衡功能，壮大肾气。

（二）无极球健身表现

1. 无极球运动是浑圆复合式抻筋拔骨

与其他运动整体拉筋式的训练方式不同，无极球的抻筋拔骨采用螺旋对拉拔长的训练方式，目的是使关节内的副韧带在对拉拔长的训练方式中增加旋转度，使关节活动范围增大。同时，无极球运动的拉伸不是单体的，而是前后、左右、上下的一种复合式拉伸。这时一部分肌肉为了控制拉开拧转而主动用力，一部分暂时不用的肌肉纤维是被动拉长的，这个掤拉动作的出现，达到了拉开、拉长所有肌肉纤维和韧带、副韧带的目的。久而久之，无极球习练者的肌肉就会变得如"面筋"般的柔和。所以，无极球螺旋式的抻筋拔骨能有效地锻炼关节，促进习练者的动作敏捷与轻灵，还可起到减缓"关节力矩"衰退的作用。

2. 无极球运动促进肌体协调

从运动的普遍性原理看，一个人的运动水平，实际上代表了这个人的协调性水平，也就是肌肉的重新组织能力水平。习练无极球的过程就是人体自身肌肉一个重新组织和学习训练的过程，能让习练者体会和找到最准确的肌肉重新组织方式。在习练无极球过程中，骨头在转动，与肌肉无关，肌肉只是起了启动作用，像这样有意识地习练无极球，骨骼会硬朗起来。中华传统运动养生在内涵上的核心是"骨骼运动"，采用无极球的习练方法能使习练者内在劲力的协调达到一个高度，而且练后终生不会消失。

3. 无极球运动是以脊椎运动为核心的运动

脊椎是人体的大梁，它不仅是人体的力学支柱，而且是中枢神经之所在。交感神经和副交感神经等从脊椎两侧伸向人体各部分，指挥人体的生理活动。针灸穴位图上也沿脊椎分布着肺俞、肝俞、胃俞、肾俞等穴位。身必先健中枢神经，因而必先健脊椎。无极球运动对脊柱和脏腑犹如自我按摩，使五脏六腑气血舒畅，经络通调；对肢体恰似搓揉面筋，使周身各个关节、筋肉得以柔顺。上欲动而下自随之，下欲动而上自领之，上下动而中部应之，中部动而上下和之，内外相连，上下相随，前后相需，左右相顾，犹如巨蛇屈曲前行，尽显中华传统养生文化"蛇行龟息、益寿延年"之精华。

二、养心

（一）无极球养心原理

习练无极球做圆运动，人球合一，神形兼养，意、气、身高度协调，万念归球，有效平息纷扰妄心，达到正念养心。

（二）无极球养心作用表现

1. 无极球运动实现在缠动中的动态平衡

习练无极球时两眼似闭非闭，面带一丝微笑，可减少周围环境对习练者造成的刺激和干扰，习练者更容易沉浸在人球合一的状态中，外在肌肉与内部器官在缠动中建立稳固的协调关系，随着集中力的发展将进入动态冥想，高度觉知缠动身体的部位，并且知道每一个动作。这种觉知能力的提高会改变心的质量，习练者开始妄念全消，步入正念，习练之后，神清气爽。

2. 无极球有助于恢复心理生态平衡

现代社会生活节奏快、工作压力大、竞争激烈，常令人焦虑不安、烦躁不宁，心态易失衡，而习练无极球可以使人平心静气。习练过程松静自然、呼吸吐纳、升降开合、虚实变化，动如行云流水，绵绵不断；静似挺立青松，不卑不亢。这种自我调节放松身心的锻炼日久坚持下去，必然会对心理起到良好的按摩作用。《黄帝内经·上古天真论》中云："恬淡虚无，真气从之，精神内守，病安从来？"长期习练无极球可使人舒适、恬静、愉悦与内心平衡，可使人淡泊名利、豁达乐观、灵魂净化。

三、益智

（一）无极球益智原理

习练无极球能有效实现运动的完美平衡，使左侧运动与右侧运动高度协调，挖掘潜能。

（二）无极球益智作用表现

习练无极球能在大脑皮质形成一个特殊兴奋灶（即兴奋集中在很小

的一定区域)，而其他区域则处于抑制状态。在习练无极球过程中，要求精神贯注，意守丹田，排除杂念，即要"用意不用力"和"心静"。这种意识和身体锻炼相结合的方法，都是在中枢神经系统兴奋性提高的情况下完成的，这样就使大脑得到充分休息，可以打破疾病的病理兴奋灶，修复和改善高级神经中枢的功能，起到健脑益智的作用。

第二节　无极球的特点

一、简易

（一）化繁为简

舒适自然本无极，化繁为简归一球。无极球习练要以松、通、透、空为本，去熏、修、悟，去默识揣摩，去有意识地"找舒适"。只有找到舒适，才算找到习练无极球的真实感觉，才算真正进入"角色"。找舒适的过程，就是找门道、功夫、真意的过程。

化繁为简的目的是，便于人们学习和修炼，尽可能缩短相对单调乏味的学习和掌握转法的时间，从而激发习练无极球的兴趣和热情。把繁杂的中华传统运动养生功法通过一个简简单单工具——无极球习练来体悟，中华传统运动养生奥理便不言自明，体现了工具优势，正所谓：无极球，一乾坤，大道至简，简于形，精于心。

（二）化简为易

习练无极球招式不多，但深含中华传统运动养生哲理，它包含中华传统运动养生的基本功法，是习练其他中华传统运动养生功法的基础。

无极球习练动作非常简单，通过顺逆缠法习练，形似中华传统运动养生阴阳鱼图，周而复始，简而不单，乐趣无限，奥妙无穷。

二、方便

无极球运动的限制条件少、坚持运动成本低、强身健体效果好，是一项适合静多动少、运动量不足的人利用有限的时间和空间进行碎片化习练的运动。

（一）不受场地限制

无极球运动不需要特定的运动场地，有一个无极球就行。无极球运动不用投资建设场地，是一项真正的"绿色"运动。

（二）不受时间限制

只要想习练无极球，无论是在家、办公室还是出差途中，都可以习练。

三、高效

无极球运动投入的时间和精力较少，收获却很多。

无极球运动不仅能充分锻炼身体，而且能提升体能、增强耐力和身体的柔韧性，有效地调适情绪、缓解精神压力。

四、安全

无极球运动没有挑战人体生理极限的高难度动作，习练不会造成对人体的伤害。无极球习练能有效地规避运动伤害是因为以下几点因素。

（1）无极球的重量控制。无极球的普适球只有1千克，这个重量老少适宜，不会因为过重习练不小心而造成运动伤害。

（2）无极球的亲体性。无极球采用环保材质制作，有一定弹性，缠转于身，舒适惬意，不会因为球体硬质而造成肌肤损伤。

（3）无极球是主动性运动。被动性运动因为没有被身体准备和接受，容易造成骨骼肌肉的损伤。无极球运动是主动性运动，运动时间的长短及强度完全由自己把控，是一种自主健康、圆融养生的好方法。

五、普适

无极球运动阴阳开合、虚实转换、刚柔相济、快慢相间、内外兼修，集修身、健身、防身功能于一体。无极球运动老少皆宜。

第三章 无极球的习练方法与要求

第一节　心　静

无极球运动要求心静体松、中正安舒、意念引导、气沉丹田，从而达到动中寓静、静中寓动、柔中寓刚、内外兼修。

习练无极球，要从心静开始。记得一位中华传统运动养生大师说过："心静到周身上下浑然不觉，四肢百骸荡然无存，不知身之为我，我之为身，唯有心中一片觉明景象。"曾国藩也说过："心欲其定，气欲其定，神欲其定，体欲其定。"一言以蔽之，静定。静就是收心，就是一念不起，做到无视无听，无思无想，无欲无念，使自己的思想意识真正处于一种物我两忘，"致虚极，守静笃"的境界。

无极球运动形神兼备，性命双修，是在一种澄静的状态下完成的。入静，是习练无极球的一个重要标志，也是一个重要的练功方法。静由心静到体静，是一个自我修养和提炼心性的过程。

无极球运动以修炼内功为本，以虚静为本体，以清静为极致。所以，"静"贯穿着无极球习练的整个过程。但如何使"静"得以贯穿始终呢？

无极球功法的提高，都是从松静松柔上去寻找和体现的。

习练无极球应以静主内为主，由松柔入手。如无静无松神就散了，气就上浮。若习练无极球只是停留在外形的表现上，不体会内在的变化，就无从体悟无极球健身、养生的功效，更谈不上窥探功法的境界了。

无极球的"静"，是看不见的内在神、意、气的中和运动。

人的思维心绪是很难控制的。如果要强行收敛和控制，往往适得其反，越想静越难以静。只有循序渐进，慢慢诱导，耐心感悟，日久方能静下来。人只有在完全入静时，才能体会到内在的神、意、气的微妙变化，才能聚神、用意、养心、养气，才能自然流露出外形的静。

"静"在习练无极球中有不同的层次,如安静、平静、宁静、虚静等,每一位无极球习练者由于功夫不同,对"静"的认识和理解也不同,但"静"始终贯穿于中华传统运动养生层次提升的每一个阶段,随着功夫层次的上升,习练者对"静"重要性的认知和体会也不同。能静才能松,能松才能柔,能柔才能刚。

习练无极球如何"心静"?

(1)**良好的道德品质和心性修养是学好无极球的基石。**要敬球、爱球,用恭敬之心去对待无极球的练习;要对传统文化存有恭敬之心;要尊敬老师,虚心学习。只有存恭敬之心,才能使身心静下来。心态决定结果,若抱着一种无所谓、漫不经心、随随便便的态度去习练无极球,是不可能心静气平的。只有身心俱静、心平气和,才能感觉和体悟身体内外的纯净,使气血经络舒畅运行。

(2)**从思想上先将心静下来。**通过调心、调身、调息,排除杂念,放松身心,以一球代万念,渐进忘我虚静之状态。在转球走圆过程中,要以心行气、以气运身、以腰胯带动身体四肢运动,只有这样才能松静轻灵,动作如行云流水。此时,呼吸平稳、细、匀、深、长,在松静缓慢之中,身心平静,习练完无极球后,满口生津,心平气顺,精气神舒适饱满。

(3)**思想意识上要净,无丝毫挂碍,不带固有认识观念和好恶之心去学习。**身心空空荡荡,才悠然自得,应物自然。只有内外通透,无一丝杂念,把无极球圆运动融入自己的生命中,球即是我,我即是球,人球合一,方能在转球走圆中体悟"静"的妙处。

总之,"心静"是练好无极球的首要条件。

第二节 意 专

在习练无极球当中，练意是一个非常关键性的问题。说它关键，主要是从两个方面来考虑。一方面，意是无极球功法当中一个非常核心的问题，可以说如果没有意，无极球功法就失去了它固有的特色。在传统的拳论当中也非常强调练意，并把它摆在了一个非常高的高度。如果没有意念的参与，无极球功法就只是肢体性的时间、空间的运动。可见，意的参与是衡量无极球功法有没有内涵的一个标准。另一方面，因为意是一种看不见摸不着的东西，历来对意的解释也有很多种，所以大家在理解中华传统运动养生功法练意时会产生很多说法，也有各自的理解。正因为这种原因，有很多人在练意当中产生很多歧解。所以，准确、客观、科学地把握无极球练意是练好无极球、科学习练无极球一个非常重要的问题。

习练无极球如何"意专"？

（1）习练无极球要"以理作意，意在形先"。要明白无极球功法是古圣先贤创造的身心修养智慧，是把大自然的物象内化成借假修真的修炼模式，从而达到优化生命的目的。明白了这个道理，我们可以"执古之道，以御今之有"，把日月星辰、大地山河、风雨雷电、龙马龟蛇、虎熊鹿兔、树木花草等大自然中事物的圆融内化成无极球功法内涵，日久天长，则自然掌握了内外混化的无极球功法。无极球功法讲究意在先，是因为只有实现了这个先，方可濡养身体这个"有"。

（2）习练无极球要"意念造型，气催姿势"。由于意无形无相、虚无缥缈不好理解，所以在习练无极球时要"意念造型"——仿效大自然的事物，如波涛云涌，形成相应的形象思维，带动气产生律动，催动形体运动。这个意之运用的法则是内功心法——意念造型的实质，就是由心生出的方法。此外，意念制造出这些物象，不在其外在的形象，而在于物象的特征、本性。古人云，写诗要"功夫在诗外"，习练无极球也一样，要悟大自然之事物的理，归拢其性，表达其意，反复揣摩，则必然有一天会豁然贯通无极球习练的真意。意念造型，决定着动作姿势、招法技艺的生发、生机、充实等内功修为。气，是内外之气的混融；如何混融，必须意到；意到，则气之混融运动，会催发出动作姿势；意念造型不同，则动作姿势也不同。

（3）习练无极球要"意发即空，空而不空"。习练无极球的意念活动，在开始阶段，可通过模拟、想象的方法，在身体外凝聚出气态的点，进而发放之、移动之、虚空混融之。这个点是凭空凝聚、隐现的，虽然并不能看到它的客观存在，但日久天长，凭空运动的意念之点可产生一定的作用，使得自身带动、调动内外之气的能力提升，催动形体的能力强化，转球走圆，自然协调，舒适自然。

（4）习练无极球要"意虚灵明，圆满无碍"。无极球习练贯穿始终的是意的修炼。意的修炼，是为了抵达"有意若无意，无意之中有真意"的境界。

真意，就是《伍柳仙宗》所说的"真意即是虚中之正觉，所谓相知之微意"。在非常宁静的状态下转球走圆，可以真切地感受到意识状态的那部分功能就是真意。

只有真意，才能让无极球习练的动作姿势实现一动无有不动，才能在无极球习练过程中，使得内在显得充实沉稳，外在显得飘逸轻灵；行如行云流水，静如安适平和。

（5）习练无极球练"意"过程中，要注意避免三种倾向：着意、着想、执着。因为练意的诀窍在"轻"，而这三种倾向均是用意过重的表现。正确的做法应是：若有意、若无意，勿忘勿助。用意太过便为用力，至于意、力之间如何掌握，要多多体会。古人云："不可用心，不可无意，用心则着想，无意则顽空，有意无意为功夫。"其中，尺度还需要习练者自己领会。

总之，"意专"是练好无极球的灵魂。

第三节 气　　顺

气在人体里看不见，摸不到，但我们确实能感觉到它的存在。气在人体中占有重要地位，可以说人体中处处都有气的运行。用中医的理论讲，气是促进血液在人体内循环的动力，是人身体内细胞运动而产生的能量，是生命的根本。气联系着人体五脏六腑，四肢百骸，使形体内外得到统一。人体中的气不只是先天元气，元气之外还有两肾所生真气，后天的水谷精微之气（称谷气），口鼻吸入的空气（称清气），此四者总和称为内气，共同发挥充养全身和运动的作用。

气与血是相互依存的，气为阳，血为阴，气为血运行的动力，血为气的物质基础。故中医学认为气为血之帅，血为气之母，气行则血行，气滞则血瘀；气病可及于血，血病可累及气。气血运行主要是沿着经络运行的，气血的运行与内脏的关系也十分密切，脏腑发生病变可以直接影响气血的运行，而气血运行失常也可以影响脏腑功能发生病变。因此，运动对气血运行的调理就显得非常重要。而无极球运动的动作轻柔舒展，呼吸深长均匀，正是现代人不可多得的一项促进身心健康的有氧运动项目。

习练无极球时往往容易出现的问题是：习练时憋气用力，气喘不均、不匀、不深、不长，急吸粗呼。其因在心不静，精神紧张，松放不够。

这有待心平气和，放松慢练，逐渐找到感觉，养成习惯。

习练无极球如何"气顺"？

（1）习练无极球要做到气出丹田，气归丹田，气由丹田，气涌丹田，气沉丹田。要炼气归脐内丹田，藏于两肾命门。脐、肾、命门位于人体腰部之中，所以又有中华传统运动养腰之说，这是我们习练无极球的根本所在。

（2）初练无极球时，可心平气和，使动作与呼吸配合，协调自然。随着功夫的增长，可以自然而然地转变呼吸方式，达到逆腹式呼吸。气贯四梢，使动作绵绵不断，如江河奔流，滔滔不绝。

（3）习练无极球时，要让气按照习练者的意志运行或转化，这种练习心意驾驭内气运行能力的过程就是"行气"。将注意力放在内气上，暗示其内气随转球动作的变化而运行。以意导气，是通过意念与形体的训练来实现的，必须经过长期的训练，遵客观规律，循序渐进。

（4）习练无极球要做到"气以直养而无害"。直养就是"呼吸越自然越好"，自然得机，自然合道，自然积累，自然升华，顺乎自然，最真实、准确地体现了中华传统运动养生思想的本质；直养就是顺畅，没有阻滞，没有憋气，均匀、深长、流畅地吸入清气，呼出浊气。呼吸必须顺，不能窝住。所以，意在神，不在气；在气则滞，在意则灵。

（5）习练无极球以培气、养气、聚气为首要，以行气、运气、通气为法则，以壮混元一气为宗旨。这不仅是习练无极球的需要，而且是养生之道的需要，功法、球法、养生法三法合一才是无极球的真谛。

总之，"气顺"是练好无极球的根本。

第四节 体 松

习练无极球如果不会放松，动作就不会协调。不会放松就不会有内气，松得不好内劲质量也不会提高。松要排除身上刚气、躁气、浮气、僵气而存积真气、元气、中气，从而能卸僵、弃木、化柔、转活、轻灵而富有弹性。有些人认为，不使劲就是松，这是不准确的。松是指精神上和形体上全面地彻底地放松，达到松净状态，即彻底地放松干净，不存半点拙力、笨劲，这是一个无限追求的过程。

要解决放松的问题，首先要在松肩、松胯和锻炼胸腰运化上下功夫。而胸部开合灵活的关键在于松肩，腰部折叠运化的关键在于松胯。

放松的一个标准，叫作松透。何谓松透，一般认为它的内涵至少要包括几个方面，即松净、松开、松柔、松圆、松沉、松活、松通、松展、松空、松灵。在大脑入静、意念导引下，要有序地使全身各个脏器、肌肉、韧带、关节处处松开、松展、拉长。

习练无极球如何"体松"？

（1）习练无极球先要心意松。无极球是以意念为主导，是以练内气为重心的一种有氧运动。习练无极球要使心神意念放松入静，心静才能放松，心乱则意散、气浮。初学者心意很难入静，但习练无极球不用特别记忆动作，因此可闭眼习练，这样就能迅速地使心神意念松静下来，心神专注。松静了才有利收敛内气，静养灵根，习练日久，起转就可完全进入松静状态。在习练无极球过程中，检查心意是否松静，关键就看能不能感受到内气在体内流动得是否顺畅、充沛；能不能体悟到肌肉群、骨骼是否僵紧；缠转无极球的动作是否轻灵圆活；意、气、形结合是否完美、和谐。

（2）习练无极球肌体要松柔。 老子推崇"上善若水"，习练无极球的松柔也要像水那样，若把水存放在方的容器里它就呈方形，若把水存放在球罐里它就呈球形，毫无顶撞之意，随曲就伸。无极球习练时的松柔，要恰到好处，要有分寸。柔劲和掤劲是个矛盾的对立统一体。从养生角度分析，坚刚过度难养气血；从中华传统运动技击角度分析，松得没有一点掤劲，难以长功。转球时把无极球比作风，把劲比作水，风静时水平如镜，兴风时水随之而作成浪，浪既可卷物也可击物。无论是风平浪静、兴风作浪还是狂风怒浪，都是水随风动，水借风力进行卷带击打，这是老子的"顺势而为"的思想在无极球中得到充分的运用，也是练松柔的基本要领和作用。

（3）习练无极球要节节贯穿。 全身有九大关节——腕、肘、肩、踝、膝、髋、手指、脚趾和脊柱。习练无极球时九大关节都能节节松开，意气贯穿到骨缝中，又能节节串连，这才叫真松了。松肩、松脊柱、松腰练起来难度稍大，因为习练无极球时这些部分的肌肉群、骨节牵拉方式与生活中张弛的习惯不一样，特别是腰、肩的肌肉容易收缩犯"僵紧病"。练松开功夫时，要强化意念的引导作用，意念令全身放松，内气从下丹田出发，一部分上行，经腰、背、肩、肘、腕直达指梢；另一部分下行，经胯、膝、踝透达趾梢，内气行过之处大脑完全能清晰感知。脊柱怎么松，骨缝怎么松？先让颈椎骨下第一胸椎的大椎骨有膨胀上领之意，同时腰椎骶骨有下沉的感觉，使整个脊柱上下呈对拉状态，这时的胸肌微微内含（含胸），背部肌肉由脊柱向左右两边延伸外展（松展），微微呈圆背状（叫作含胸圆背），从而促使脊柱进一步松开，习练日久骨缝就松开了。

（4）习练无极球要松膨。 把自己练成一个球体，气从虚无的球心，向球的表面均衡地膨胀。如同人以丹田为中心点，向四周发放一种对称的力，这就是膨。只要练出了这种膨胀力，无论怎样放松，都不会出现松懈、软塌、干瘪的状况。这里有一个问题，就是松的方向，松不是直向下堆到地上，而是向人体表面四周膨展，这是松和懈的根本区别。所以，松是第一位，松透，达到真正松的阶段，在松的基础上，以气将身势鼓起来、荡起来，使其具有强大而又灵敏的柔弹力，使全身都有气布满，前后左右都撑满抱圆。

（5）习练无极球要松旋。习练无极球的基本动作就是螺旋圆运动，俗称"划圈"。螺旋圆运动是分阴阳的，而阴阳互根，就好像地球自转一周，分白天和黑夜，如果是直线运动就不会有阴阳之分，更没有阴阳互根。提高螺旋圆运动的质量，就要在习练无极球时夯实基本功——脊柱松旋，以脊柱为轴心进行左右螺旋转动，手也随之进行左右螺旋缠绕，以手腕为圆心，手掌及手指长度为半径划弧而成为螺旋面，这种顺逆缠绕的螺旋圆运动可充分发挥手的灵巧性。当两只手合拢拧转（呈拧手巾状），就能运用指、掌、腕的螺旋圆运动解决问题，就能学会巧妙用力。

（6）习练无极球要放松。习练无极球过程中要感受对拉拔长式的放松展开，使动作既有圆的匀整和灵活，又有似弓与弦的对张崩弹之力，更有八面支撑的稳固气势。故在意、气、劲中产生了对称、平衡、折叠、匀整；阳中有阴，阴中有阳，阴阳相济。

（7）习练无极球讲究松活弹抖。头上虚灵顶，双臂空松转。习练无极球要求放松其实只是一种通向高功夫、高境界的方法和途径，并非最终目的，而是达到目的的必要手段。那最终目的是什么呢？简单地说，就是在这个松的过程中不断壮大内气和不断增长灵性。通过结合其他辅助功法的训练，锻炼出一种刚柔相济的、轻沉兼备的、松活弹抖的螺旋式的整体劲。

总之，"体松"是练好无极球的关键。

第五节 转 沉

"沉劲"是中华传统运动养生功法特别强调的一种劲路，其实就是一种自然而然的力。

关于自然的力，可以打个比方。我们背负一袋米，可能刚开始时感到不是很"沉"或"重"，但随着路途的增加，会感到米袋越发沉重。米袋本身并没有往下使劲，可是它靠自身的重力而产生的这种压力，就叫"沉重"。这就是一种自然的力。在转无极球时，能把自己的轻微之力自然地作用于无极球，动用的就是这种沾粘"沉劲"。

习练无极球首先要放松，放松后，就可随屈就伸，舍己从人。任无极球如何变化运转，都逃离不开力的作用，这就是中华传统运动养生功法的"沾粘连随"之功。如能懂得沾粘连随，假以时日，就会达到"阴阳""虚实"与"刚柔"的转换。到此，才会真正懂得"中华传统运动养生"之道。

习练无极球时最普遍存在的问题是：①起伏过大，前俯后仰；②蛮力或随意转球；③动作飘浮、不稳；④松懈不分，干瘪无力；⑤协调性差，周身不整合。

习练无极球如何"转沉"？

（1）习练无极球时不可用蛮力，要平心静气，气沉丹田。

（2）习练无极球时不许端肩膀，也就是做动作要最大限度地使肩膀保持自然站立时的高度放松状态。

（3）转无极球的动作要匀缓，运劲如抽丝，虽动犹静，慢才能随时检查肩膀及手臂的状态(不准使劲)。

（4）除了动作的特殊要求，一般情况下肘抬起的高度必须低于手腕

(用手腕把手臂领起，如同用一根绳把手腕吊起来，肘和肩即下坠，但又跟着向上走)。

（5）腰胯的放松必须建立在中正安舒的基础上，上身自然直和正。

（6）转无极球时，慢慢体会出最佳"松舒点"，比如做到动作的定式时，上身动作保持不动，腰胯可往左和往右转一下，找找哪个地方的腰胯没使劲，哪个地方的腰胯不别扭，哪个地方最自然舒服，找到这个点，以后再做动作就直接在这个点上做。

（7）手臂长时间不使劲，手臂自然的重量会使得手臂有一种往下掉的重量感，这种重量感就是手臂的松沉感，这种手臂的松沉感就是手臂的松沉劲。

（8）松沉劲练出来了，其他劲自然也就出来了。

（9）要把无极球转得轻柔、圆活，每一转动，起、承、转、合要表达清楚，要一气呵成。

（10）转无极球时要如大海的波涛一浪接一浪，无断续，后浪推前浪，势如破竹。每一浪都有个转换，都有蓄劲到发劲的过程，转换时都有下沉曲蓄到向前向上膨放的过程。这便是阴阳转换的过程。要深刻理解无极球转动中的阴阳互换、互根、互包、互变性，以及阴阳变化的整体性、有序性、渐变性和旋转螺旋式的规律。

总之，"转沉"是习练好无极球的法宝。

第六节　劲　　整

中华传统运动养生劲是从身体中发掘出的一种能量，可蓄可发，可刚可柔。懂得控制和利用它，就是懂劲，这也是无极球习练者追求的目标之一。只要懂劲，中华传统运动养生功法就算登堂入室了，就可以一步一个台阶奔向更高的境界。所以，劲在中华传统运动养生功法中起到决定性的核心作用。

把劲练整是中华传统运动劲与力的根本区别，中华传统运动的劲是经过修炼将全身内外肌体整合后形成的组合劲，不是单纯的力。这种劲是在练成松展、膨沉的前提下，在一定内功的基础上逐渐形成的。只有完全松沉下去，才能彻底化掉拙力，扫清障碍，调动全身，形成一个完整的、合成的、柔刚相济的弹簧力，即"对称劲"。这种"对称劲"是成对的、双向的，或者是多对的、多向的。这正是与单向力的区别。多向不等于散，是整的体现，是人体以丹田内气为中心的整体膨胀力、爆发力、弹抖力。

那么，什么是"对称劲"呢？"对称劲"是无极球运动的内在要求。无极球运动是人的全身性运动，这种运动不仅仅具有物质运动的一般规律，更重要的是人可以在主观意识支配下，调动全身发挥出最大的能量和技巧。这里需要注意三点：一是以意识为主导；二是全身协调一致；三是技巧的灵活运用。三点的核心是健身和防身。健身和防身的核心是包括内外脏器在内的人身整体的完整、平衡、和谐。人身的完整、平衡、和谐发展是需要一种合乎逻辑的生存方式和锻炼方式来实现的。无极球"对称劲"的修炼就是实现这一锻炼方式的有效途径。

"对称劲"的修炼通过意识的作用引导肢体阴阳、开合、虚实等辩证运动，可以强化人的智慧，培养良好的精神状态和心理状态，提高健康水平和防御能力。"对称劲"的修炼，可以把零散的、小的力整合成整的、更大的劲，实现身体的协调一致、均衡发展。"对称劲"的修炼可以使内劲和外力结合成为整体，通过蓄发、收放、屈伸、柔刚等劲力发放出技击的合力。无极球运动要求虚领顶劲，气沉丹田，立于平准，活似车轮；其根在脚，发于腿，主宰于腰，形于手等，只有通过"对称劲"的修炼才能达到和提高。

"对称劲"是无极球习练水平的标志。无极球习练得好与差的标志是稳定性、平衡性、全身协调性。无极球运动非常讲究肢体协调。从运动的普遍性原理看，一个人的运动水平最重要的一项，实际上就是代表了这个人的协调性水平，也就是说肌肉的重新组织能力水平。

习练无极球如何"劲整"？

（1）习练无极球要做到身体内外相合、上下相随、协调一致，调动全身整体之力，形成一个整劲。

（2）习练无极球时，用的力是一种连绵不断的延伸的、膨胀的、松沉的、柔中寓刚的巧力，而不是拙力。

（3）习练无极球时，上身要保持基本正直，双肩基本稳定平衡，肘顶过身体中轴，左右拧转，拧腰转胯蹬地送肩把肘送出去，双肩要有撕扯劲，肘到末端要往回坐胯再次加速。不往回坐胯是达不到弹抖效果的。

（4）习练无极球时要做到松紧有度，以"紧"为用，以"松"为养，欲松又欲紧，欲紧又欲松。对"紧"的处理第一点就是要做到充分的"紧"，要"紧"到位，要有明显的"紧感"。无极球习练时"撑拉拔伸"形成的"紧"，是"关节紧张肌"收缩形成的"紧"，不会影响到运动肌的工作，如何紧都不会僵。对"紧"的处理第二点就是在运动变化中如何保持住"紧"，在运动过程中"紧"都是不能丢掉的。这一点做起来比较难，但无极球习练较好地解决了这一问题，在习练中能"紧"得住，使得肢体各部能形成一个坚实的整体，能协调如一完成各种运动动作；

使得肢体各关节具有强大的支撑力。"紧"所产生的效果是立竿见影的，原来感觉松散轻弱的胳膊，会感觉变得饱满坚实，如同提了铁锤般沉重却又非常轻灵。这种感觉很奇妙。"紧"是转好无极球的真正法宝，看似简单，却具有神奇的作用。

总之，"劲整"是练好无极球的核心。

第四章

无极球的当代优势需要

第一节 大健康时代的需要

为了全面贯彻党的十九大报告中提到的"健康中国战略",中共中央、国务院印发了《"健康中国2030"规划纲要》,提出以提高人民健康水平为核心,把健康融入所有政策,加快转变健康领域发展方式,全方位、全周期维护和保障人民健康,大幅提高健康水平,显著改善健康公平,为实现"两个一百年"奋斗目标和中华民族伟大复兴的中国梦提供坚实健康基础。

健康中国不是一个口号,更不是一串数字。无极球普适大众,具有简单易学、方便习练、趣味盎然、效果显著等特点,将中华传统运动养生功法具象化、标准化,易于大规模传播,是个人、家庭、社会各方面健身养生的理想选择。

一、无极球健身养生的价值追求

无极球健身养生的价值是多方面的,有身体方面的,也有精神方面的,还有艺术修养方面的。无极球外练全身的关节、骨骼、肌肉,内练意识、精神气质等。

习练无极球,起初练的是动作、姿势、筋骨和皮肉,深入进去练的是意念、内气活动。在意念的支配下,人的神经系统、运动机能和呼吸系统、循环系统、消化系统、免疫系统等都会得到全面的改善。

1. 从身体而言,习练无极球的价值

(1)心静用意、动静结合对于改善神经系统功效显著。无极球运动方式要求意念、动作、呼吸三者密切结合,在意识的支配下,意念不动,外形寂然不动,意念一动,引导内气催动肢体,随之一节一节贯串而动，一动全身各部位都参与运动，而且是在极松静、极轻灵的情况下达到的。所以，要心静用意，排除杂念，追求筋骨、肌肉、关节在意念上的空松圆活。随着锻炼的不断深入，熟练程度的逐渐提高，筋骨、肌肉收放、转换能力的增强，神经系统的均衡性、灵活性及传递信息的速度也在提高，从而改善神经系统功能。

（2）一动全动，节节贯串，促进消化功能和体内物质代谢。无极球动作裹柔缓弹，随着动作的引导、呼吸功能的改善及神经系统对内脏器官的调节过程的改善，膈肌、腹肌的收缩和舒张对肝脏、胃肠起到了"按摩"的作用，使肠、胃、肝、肾随之进行适当的运动，促进了内脏器官血液循环，提高了胃肠的张力、蠕动、消化和吸收能力，增强了肾上腺素的分泌功能，从而改善体内物质代谢。

（3）气沉丹田有助于减轻心脏负担，促进血液循环系统健康。坚持习练无极球不仅锻炼了肌肉、骨骼、关节，而且由于意念的作用使精神、肢体全面放松，使经络通畅、气血周流，使各毛细血管开放，静脉、淋巴回流加速，从而减轻了心脏的负担。意守丹田、气沉丹田、丹田内转的练习形成了腹式呼吸，这种呼吸方式的形成，促进了血液循环，加强了心肌的营养作用，改善了心脏营养的过程，有助于心脏、血管和淋巴系统的健康。

（4）刚柔相济，连绵不断，加强了肌肉、筋骨和关节的韧性和弹性。习练无极球要求采用松柔、螺旋的运动形式，动作起来连绵不断、刚柔相济、快慢相间，从而使得全身各部位的肌肉群、肌纤维在反复绞转、缠绕中都参与活动。在意念的引导下，动作、姿势用意不用力，筋骨、肌肉放松，这就使得肌肉纤维能拉长到一般运动所不能达到的长度，并且匀称丰满、柔韧而富有弹性。由于肌肉的收缩对骨骼的牵拉作用和新陈代谢作用得到了加强，骨骼组织的供血量增加，因此骨质的形态、性能发生了良好的变化，提高了骨骼抗折、抗弯、抗压缩和抗扭转性。肌肉和骨骼的活动锻炼也使关节周围的关节囊和韧带得到磨炼，其韧性、灵活性不断增强。只要我们循序渐进地坚持习练无极球，就可以减少颈椎病、肩周炎、腰椎间盘突出等病症的出现。

2. 从精神而言，习练无极球的价值

（1）缓解精神压力。习练无极球，要学会放松，包括身体的放松、呼吸的放松及精神的放松。放松对于现代人来说尤为重要，现代的人们生活、工作压力大，通过习练无极球，可以使身体和精神得以放松，有助于舒缓压力，以更积极的心态去生活和工作。

（2）促使信心建立。通过习练无极球，可以帮助人们在锻炼身体的同时树立自信，培养立身中正、不偏不倚、沉着冷静的性格。

（3）帮助集中定力。无极球习练从站桩开始学起，从静止开始训练，要求摒弃外缘，精神内守，更好地感知自我。它帮助人们培养定力，定力好了，则注意力自然提高，感知能力和自我控制能力也会跟着有所提高。

二、无极球促进家庭和乐的价值

"家是最小国，国是千万家"。家庭是社会的基本细胞，是组成国家这个大家庭的基本单元。健康家庭对于每一个中国人来说都是希望和寄托。成家、保家、兴家、家庭和乐，是中国人重要的人生目标。

无极球对于家庭和乐这一目标的达成是能起到助力作用的。

1. 无极球助力家庭成员的身心健康

家庭各成员身心健康是家庭和乐的基础。无极球运动老少皆宜，可以增强家庭成员体质，促进身心健康，在共同运动中和乐美好。

2. 无极球助力家庭成员之间良好沟通能力的建立

家庭成员之间良好的沟通是解决家庭问题的前提。但随着智能手机的广泛使用，现代人的生活越来越离不开手机，甚至许多人患上了"手机依赖症"，沉迷于虚拟世界，对现实生活失去兴趣，家庭成员共处时各自低头玩着自己的手机，沉默无语，沟通交流越来越少，久而久之，家庭积累的负面因素由于无法及时沟通而成了家庭危机的隐患。无极球运动如果能进入家庭，让家人每天拿出一定的时间共同习练，在没有手机干扰的状态下共处，那么可以找回家庭该有的乐趣。所以，无极球为家庭营造了一个自然、有效、可持续沟通交流的氛围。

3. 无极球助力家庭成员健康生活方式的建立

健康的生活方式是家庭和乐的重要因素，家庭成员应充分认识到健康生活方式的重要性并自觉采取健康的生活方式和行为习惯。无极球运动是一项高效的集健身、养心、益智于一体的运动，家庭成员共同习练可以保持身心舒畅，是一种健康的生活方式。

三、无极球增进社会和谐的价值

现代网络技术的发展，减少了人与人之间面对面的接触和交流。面对这种社会现实，如果没有内在的精神加以消化和控制，人与人之间和谐情感的正常发展将会受到严重影响。

无极球运动静心养性、动中求静，适合作为一种与社会变革相平衡的高感情活动。

（1）无极球运动为构建和谐社会创造了和谐的社会环境。通过无极球运动，能够扩大情感交流，增加人与人之间的相互了解，改善人际关系，建立健康、合理的生活方式，创造文明、和谐的社会环境。在国际上开展无极球运动交流，能够促进国家与国家之间、人民与人民之间的相互理解，有益于人类社会的"团结、友谊、进步"。

（2）发挥无极球运动的健身功能，为构建和谐社会提供高素质的社会个体。坚持以人为本是建设和谐社会的根本保证。无极球运动内容丰富、习练形式多样、运动特点明显，可以全面地促进人的身体素质发展。不同的人可以根据自身的爱好和条件，选择适合自己的无极球运动形式进行锻炼，以达到增强体质，为构建和谐社会提供高素质的建设者和接班人的目的。

第二节　传统文化传承发展的需要

一、无极球丰富了大众健康文化生活

1. 无极球运动是一种易学好练的健身方式

无极球运动是中华传统运动养生功法发展历程中诞生的一种运动方式，它根据中华传统运动养生原理，融合了传统养生功法中的多种元素和简单实用的健身功法，动作简单，要义清晰，操作安全，特点鲜明，功效显著。它既像广播体操那样标准化、浅显易学，又集中了传统养生功法的诸多优点，能使身体从头到脚、从里到外都得到充分锻炼，从而提高身体的自我控制和协调能力，增强身体的柔韧性和耐力。尤其是它采取独特的圆运动方式，能有效地确保最佳运动量，消耗体内多余热量和脂肪，完全符合全民健身活动的宗旨，适合在全民健身活动中推广普及。

2. 无极球运动走出了一条适合中国国情的健康道路

无极球运动是一项不受时间、地点限制的运动，在家、办公室、社区、公园甚至旅途中，都可进行习练。习练无极球不需要找人搭练，不

需要到固定的运动场地去习练，这不仅节省了时间，无形之中还为拥挤不堪的交通缓解尽了一份力。因此，发展这项运动可为国家节约大量宝贵的土地资源和场馆建设费用，是一项真正的环保运动，是一条符合中国国情的健康道路。

3. 无极球运动有利于大健康观念的树立

大健康理念契合时代理念和人民诉求，这一理念一经提出就受到人们的广泛认可。它围绕人的衣食住行及生老病死，关注各类影响健康的危险因素和误区，提倡自我健康管理，是在对生命过程全面呵护的理念指导下提出来的。它追求的不仅是身体方面的健康，而且包含精神、心理、生理、社会、环境、道德等方面的健康。

好运动，益终生。无极球运动就是一味"上医之良药"，是自我健康管理的好助手。坚持习练无极球，对自己的健康负责，对家庭的平安负责，也对社会尽一份责任。

二、发展无极球运动促进民族文化认同

文化，是国家和民族无可替代的身份标志，是国家和民族薪火相传、生生不息的灵魂与血脉。回望历史，中华民族虽历经磨难但仍能屹立于世界民族之林，是因为拥有深厚的文化传统和强烈的文化认同，是因为由此熔铸而成的民族精神已成为民族生存发展和国家繁荣振兴的无穷无尽的力量源泉。放眼世界，文化俨然成为国家核心竞争力的重要因素，在综合国力竞争中发挥着不可替代的作用。

1. 无极球彰显了中华民族文化内涵的魅力

中国传统文化的核心内涵是"和合文化"，它的积极功能已在协调人与自然的关系、人与社会的关系、人与他人的关系和人与自身的关系等

方面得到彰显。以人与自然的关系而论，人类一方面对自然进行开发和利用，另一方面吸取现代化过程中所造成的对生态的破坏和对环境的污染等教训。所以，既要向自然索取，又要考虑合理和适度，努力构建自然友好型和资源节约型国家，把建设物质文明和生态文明、精神文明结合起来。以"和合文化"精神，创立和谐社会，协调人与社会、与他人、与自身的关系。

无极球运动从以下三个方面来彰显"和合文化"的内涵。

（1）和合"道法自然"思想。综观无极球运动对身型动作的要求，无一不要求"自然而然"、不可用拙力努气之说。这正是"人法地，地法天，天法道，道法自然"的思想，这一思想要求人们"返璞归真"、崇尚自然，要求"天人合一"，不是征服自然，而是与之相合。在习练无极球过程中则表现为每一动作的要求都要自然，不妄使拙力，达到"自然而为"。

（2）和合"上善若水"思想。水是生命之源，水与人类社会的发展息息相关。它不仅仅给予人类生活的物质基础，更重要的是人类的思想、智慧在很多方面都受之启迪。无极球运动不单单彰显着水的智慧，更汲取了水的精华。所以，无极球运动在外体现着水的柔弱特征，在内更似水一样饱满丰富。无极球运动的变化特征就如同水的无形无色，完全是水之道的现实写照。

（3）和合"重人贵生"思想。道家"重人贵生"，认为"先天地生"的"道"是生命的本源，因此，道家认为"人法地，地法天，天法道，道法自然"不仅是一切事物变化的根本规律，而且是认识生命问题的基本原则。无极球运动正是将道家这种"重人贵生"养生思想融入运动中而创出的一种产生于休闲环境中的文化、一种追求生命状态的文化、一种能够给人愉悦享受的文化、一种深深扎根于中国传统文化沃土之上的民族财富。无极球运动不受种族、性别、年龄、社会地位、贫富差距等因素的影响，必然会发展成为一项世界性的运动，必然会深受世界人民的喜爱。

2. 发展无极球运动促进民族文化认同

创新是中华民族的优良传统。儒家经典《礼记·大学》中"苟日新，日日新，又日新"的思想，就反映了中华民族不满足于现状、不断革新的精神。无极球蕴含着民族文化的精髓，体现了民族文化的博大精深。无极球运动要积极实施"走出去"的战略，把具有中国特色的无极球运动介绍给世界各国人民，从而在世界范围内弘扬中华民族的优秀文化。

第三节 无极球为国际社会贡献了一张很好的运动处方

1. 运动处方的概念

世界卫生组织于1969年开始使用"运动处方"（Exercise Prescription）这一术语，使它在国际上得到认可。它根据参加活动者的体适能水平和健康状况以处方形式确定其活动强度、时间、频率和活动方式，如同临床医生根据病人的病情开出不同的药物和不同的用量的处方一样，由此得名。

简言之，运动处方就是以处方的形式规定运动活动者的练习内容、运动负荷，是一种指导人们有目的、有计划的、科学的训练方式。

2. 运动处方的由来

（1）《庄子》《黄帝内经》《左传》等都体现了运动处方的思想。

（2）华佗发明了"五禽戏"，用来治病、健身。

（3）美国生理学家卡波维奇于1954年最先提出了具有现代意义的"运动处方"的概念。

（4）日本猪饲道夫教授于1960年正式将"运动处方"作为术语提出。

（5）世界卫生组织于1969年开始使用"运动处方"术语，使得它在国际上得到认可。

（6）20世纪80年代初，我国引入"运动处方"的理论，并逐步在实践中推广和研究。

3. 无极球是一张很好的运动处方

无极球运动非常适宜大众化健身，它结合了传统导引、吐纳的方法，使意、气、身三者之间紧密协调，具有的健身、养心、益智的功能，是很好的"运动处方"。

当今社会国际交流日益频繁，文化交流成为其中重要一环，越来越多的外国人想要了解中国文化。利用无极球这种具象化、标准化的方式展现中国传统文化，可以让外国人更好地理解中国的圆运动及其所蕴含的和谐思想。

第五章

无极球的核心动作技术提升

第一节 无极球初级动作技术
——顺逆缠

一、顺缠

(一)坐式顺缠

1. 坐式顺缠基本要求

(1)坐凳子约三分之一处。

(2)双脚分开略宽于肩,大、小腿约呈90°夹角,脚尖和膝盖方向保持一致,以双脚能踩实为准。

(3)含胸沉肩,身静体松(图5-1-1a、图5-1-1b)。

图5-1-1a

图5-1-1b

2. 坐式顺缠基本动作

(1)坐式顺缠四步功。

将技术标准"顺缠转"中一个完整的循环动作分解为四步,称为

"顺缠四步功"。掌握"顺缠四步功"有利于快速达到标准和提升运动效果。请大家务必牢记"顺缠四步功"的十六字要诀，如图5-1-2所示。

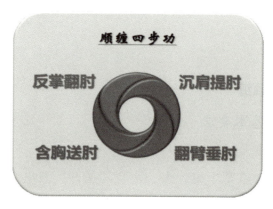

图 5-1-2　顺缠四步功

（2）坐式顺缠四步功动作过程。

①反掌翻肘。

A.手臂（以右手为例）贴身体中线并置于腹前。

B.胸口微含，手臂内旋，掌心向前（图5-1-3a、图5-1-3b）。

图 5-1-3a

图 5-1-3b

② 沉肩提肘。

A. 手背紧贴身体中线屈腕上提至锁骨处，掌心保持向前不变。

B. 大小臂呈"V"形，肘尖向前并到达身体中线（图 5-1-4a、图 5-1-4b）。

C. 沉肩提肘时，胸部有一个从打开再到含胸的过程。

图 5-1-4a

图 5-1-4b

③ 含胸送肘。

A. 以肘、背部、腹部为着力点，胸腹充分内含，肘关节前送、背部后顶呈弓形，身体有强烈的对拉感。

B. 做动作时，身体面向正前方不变，肘关节保持在身体中线不变（图 5-1-5a、图 5-1-5b）。

图 5-1-5a

图 5-1-5b

④ 翻臂垂肘。

A. 手臂逐渐打开至约 90°，使手臂呈弧形。

B. 手指外旋，肘往下微坠，肘关节内拧（图 5-1-6a、图 5-1-6b）。

C. 翻臂垂肘时，胸部有一个从打开再到含胸的过程。

图 5-1-6a

图 5-1-6b

（3）坐式顺缠动作过程。

① 带球反掌翻肘。

A. 双臂抱球于胸前，一手臂在球的下部呈翻臂垂肘状态，另一手臂置于球的顶部呈含胸送肘状态。

B. 下臂为转球臂完成反掌翻肘，同时上臂为控球臂开始做翻臂垂肘（图 5-1-7a、图 5-1-7b）。

图 5-1-7a

图 5-1-7b

② 带球沉肩提肘。

A. 转球臂贴身体上提，完成沉肩提肘。

B. 控球臂继续做翻臂垂肘（图 5-1-8a、图 5-1-8b）。

图 5-1-8a

图 5-1-8b

③ 带球含胸送肘。

A. 转球臂肘尖前送，胸背后顶完成含胸送肘。

B. 控球臂完成翻臂垂肘（图 5-1-9a、图 5-1-9b）。

图 5-1-9a

图 5-1-9b

④ 带球翻臂垂肘。

A. 原控球臂转换成为转球臂，依次完成反掌翻肘、沉肩提肘和含胸送肘三个动作。

B. 原转球臂转换成为控球臂，配合转球臂完成翻臂垂肘动作（图 5-1-10a、图 5-1-10b）。

至此，双臂完成一个完整的顺缠动作。

图 5-1-10a

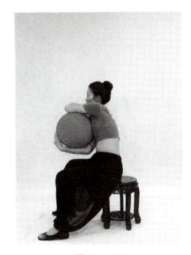
图 5-1-10b

（二）站式顺缠

1. 站式顺缠基本步法

（1）开立步。

① 双脚左右开立，与肩同宽，脚尖向前。

② 膝关节微弯勿挺，人体的重心落于双脚涌泉穴。

③ 身体松沉，精神内敛，呼吸深长（图 5-1-11）。

图 5-1-11

（2）之字步。

① 双脚呈开立步开始。

② 左之字步：左脚向右脚内侧平移，脚尖虚点，重心落于右腿（图 5-1-12）。

③ 左脚向左前方跨出，重心落于左腿（图 5-1-13）。

④ 左脚收回至右脚内侧，脚尖虚点，重心落于右腿（图 5-1-14）。

图 5-1-12

图 5-1-13

图 5-1-14

⑤ 左脚向左侧平移一步，复原成开立步。
⑥ 右之字步和左之字步动作相同，方向相反（图 5-1-15 ~ 图 5-1-17）。

图 5-1-15　　　　　　图 5-1-16　　　　　　图 5-1-17

2. 站式顺缠基本动作过程

（1）双脚分开与肩同宽，自然站立呈开立步。按顺缠动作要求转球至右臂在上、左臂在下抱球，开始做左之字步顺缠（图 5-1-18）。

（2）左臂依次做反掌翻肘、沉肩提肘、含胸送肘动作；右臂做翻臂垂肘动作。同时左脚向右脚内侧平移，脚尖虚点，重心落于右腿（图 5-1-19）。

（3）左臂做翻臂垂肘动作；右臂依次做反掌翻肘、沉肩提肘、含胸送肘动作。同时左脚向左前方（30° ~ 45°）迈一步并踩实，重心落于左腿（图 5-1-20）。

（4）左臂依次做反掌翻肘、沉肩提肘、含胸送肘动作；右臂做翻臂垂肘动作。同时左脚收回至右脚内侧，脚尖虚点，重心落于右腿（图 5-1-21）。

（5）左臂做翻臂垂肘动作；右臂向身体左侧依次做反掌翻肘、沉肩提肘、含胸送肘动作。同时左脚向左侧平移一步。此时左之字步顺缠完成，复原成开立步（图 5-1-22）。

（6）右之字步顺缠动作要领和左之字步顺缠相同，方向相反（图 5-1-23～图 5-1-27）。

图 5-1-18

图 5-1-19

图 5-1-20

图 5-1-21

图 5-1-22

图 5-1-23

图 5-1-24

图 5-1-25

图 5-1-26

图 5-1-27

二、逆缠

（一）坐式逆缠

1. 坐式逆缠基本要求

坐式逆缠的基本要求同坐式顺缠一致。

2. 坐式逆缠基本动作

（1）坐式逆缠四步功。

将技术标准"逆缠转"中一个完整的循环动作分解为四步，称为"逆缠四步功"。掌握"逆缠四步功"有利于快速达到标准和提升运动效果。

请大家务必牢记"逆缠四步功"的十六字要诀，如图 5-1-28 所示。

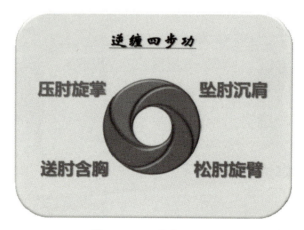

图 5-1-28　逆缠四步功

（2）坐式逆缠四步功动作过程。

① 压肘旋掌。

A. 手臂（以右臂为例）屈肘呈"V"形，肘尖到达身体中线，贴于胸前。

B. 胸口微含，手臂外旋，带动掌心向前并搭于另一侧肩上（图 5-1-29a、图 5-1-29b）。

图 5-1-29a　　　　　　　　　图 5-1-29b

② 坠肘沉肩。

A. 继续含胸收腹，肘尖顺势贴身体中线下坠。

B. 肘部保持"V"形不变，掌心始终向前（图 5-1-30a、图 5-1-30b）。

图 5-1-30a　　　　　　　　　图 5-1-30b

③ 送肘含胸。

A. 以肘、背部、腹部为着力点，胸腹充分内含，肘尖前送、背部后顶呈弓形，身体有强烈的对拉感。

B. 肘尖的行进路线为沿身体中线呈"U"形前送（图 5-1-31a、图 5-1-31b）。

图 5-1-31a

图 5-1-31b

④ 松肘旋臂。

A. 放松肘部，以肘尖为着力点，手臂呈"弧"形在身前画圆收至胸前。

B. 旋臂时，胸部有一个从打开再到含胸的过程（图 5-1-32a、图 5-1-32b）。

图 5-1-32a

图 5-1-32b

（3）坐式逆缠动作过程。

① 带球压肘旋掌。

A. 双臂抱球于胸前，一手臂为控球臂在球内侧呈压肘旋掌状态，另一手臂为转球臂置于球的顶部，呈松肘旋臂状态。

B. 双臂开始进行逆缠（图 5-1-33）。

图 5-1-33

② 带球坠肘沉肩。

A. 转球臂继续做松肘旋臂，将球向胸前挤压。

B. 同时，控球臂完成坠肘沉肩（图 5-1-34a、图 5-1-34b）。

图 5-1-34a　　　　　　　　图 5-1-34b

③ 带球送肘含胸。

A. 转球臂继续完成松肘旋臂，并将球持续挤压至胸前。

B. 同时，控球臂完成送肘含胸（图 5-1-35a、图 5-1-35b）。

图 5-1-35a

图 5-1-35b

④ 带球松肘旋臂。

A. 原转球臂压肘旋掌转换成为控球臂，依次完成压肘旋掌、坠肘沉肩、送肘含胸三个动作。

B. 原控球臂松肘旋臂换成为转球臂，配合控球臂完成松肘旋臂动作（图 5-1-36a ～ 图 5-1-36e）。

至此，双臂完成一个完整的逆缠动作。

图 5-1-36a

图 5-1-36b

图 5-1-36c

图 5-1-36d

图 5-1-36e

(二)站式逆缠

1. 站式逆缠基本步法

站式逆缠基本步法同站式顺缠步法一致。

2. 站式逆缠基本动作过程

（1）双脚分开与肩同宽，自然站立呈开立步。按逆缠动作要求转球至右臂在上、左臂在下抱球，开始做左之字步逆缠（图 5-1-37）。

（2）左臂做松肘旋臂动作，右臂依次做压肘旋掌、坠肘沉肩、送肘含胸动作。同时左脚向右脚内侧平移，脚尖虚点，重心落于右腿（图 5-1-38）。

（3）左臂依次做压肘旋掌、坠肘沉肩、送肘含胸动作，右臂做松肘旋臂动作。同时左脚向左前方（30°～45°）迈一步并踩实，重心落于左腿（图 5-1-39）。

图 5-1-37

图 5-1-38

图 5-1-39

（4）左臂做松肘旋臂动作；右臂依次做压肘旋掌、坠肘沉肩、送肘含胸动作。同时左脚收回至右脚内侧，脚尖虚点，重心落于右腿（图 5-1-40）。

（5）左臂依次做反掌翻肘、沉肩提肘、含胸送肘动作；右臂做翻臂垂肘动作；同时左脚向左侧平移一步。此时左之字步逆缠完成，复原成开立步（图 5-1-41、图 5-1-42）。

（6）右之字步逆缠动作要领和左之字步逆缠相同，方向相反（图 5-1-43 ～ 图 5-1-47）。

图 5-1-40

图 5-1-41

图 5-1-42

图 5-1-43

图 5-1-44

图 5-1-45

图 5-1-46

图 5-1-47

三、顺逆缠综合

（一）顺逆缠基本步法

（1）弓步。

前腿屈膝前弓，大腿接近水平（或斜向地面），膝盖不超过脚尖。后腿自然蹬直，脚跟外展，脚尖斜向前方约45°。左脚在前称左弓步，右脚在前称右弓步。从方向上看，分正向弓步和斜向弓步，前者由前上步形成，后者由侧开步形成（图 5-1-48）。

（2）马步。

马步双脚分开略宽于肩，采半蹲姿态，因姿势有如骑马一般，而且如桩柱般稳固，因而得名（图 5-1-49）。

（3）缠丝桩。

缠丝桩是弓马步之间相互行进转换的一种方式，主要通过双腿的压、转、推来实现着力点与重心的转换，体现出动式变换中画弧走圆的桩步特点（图 5-1-50）。

（4）金鸡独立。

右腿蹬地，起身独立，左腿屈膝上提，脚尖向下，成右金鸡独立独立步。左腿蹬地，起身独立，右腿屈膝上提，脚尖向下，成左金鸡独立独立步（图 5-1-51）。

图 5-1-48

图 5-1-49

图 5-1-50

图 5-1-51

（二）顺逆缠基本动作

（1）起式。

① 身体直立（中正舒松），双掌左右相对抱球于腹部，目光前视（图 5-1-52）。

② 左腿向左侧开步（与肩同宽）呈开立步，同时将球托至胸前（图 5-1-53）。

图 5-1-52

图 5-1-53

（2）托举。

① 双掌将球托举至头顶，双臂伸直，眼随球走（图5-1-54）。

② 沉肩屈肘，将球缓缓下拉至胸前，目光前视（图5-1-55）。

图 5-1-54　　　　　　　　　　　图 5-1-55

（3）定步顺缠。

① 接上式完成，双腿微曲，同时旋掌成左掌在下右掌在上，掌心相对抱球，双臂开始做顺缠式（图5-1-56）。

② 左臂完成反掌翻肘、沉肩提肘、含胸送肘动作，右臂同时完成翻臂垂肘动作，该动作以下称为顺缠左式。右臂完成反掌翻肘、沉肩提肘、含胸送肘动作，左臂同时完成翻臂垂肘动作，该动作以下称为顺缠右式。原地顺缠左式、右式各三次并交替完成（图5-1-57、图5-1-58）。

（4）定步逆缠。

① 接上式完成，双腿不动，双臂开始做原地逆缠式。

② 左臂做松肘旋臂动作，右臂同时完成压肘旋掌、坠肘沉肩、送肘含胸动作，该动作以下称为逆缠左式。右臂做松肘旋臂动作，左臂同时

完成压肘旋掌、坠肘沉肩、送肘含胸动作，该动作以下称为逆缠右式。逆缠左式三次、右式两次并交替完成（图 5-1-59、图 5-1-60）。

图 5-1-56

图 5-1-57

图 5-1-58

图 5-1-59

图 5-1-60

（5）缠丝桩逆缠。

①接上式完成，左腿向左再开一步呈缠丝桩，同时右臂完成逆缠右式一次（图 5-1-61）。

② 缠丝桩逆缠左式、右式各两次，并交替完成（图 5-1-62、图 5-1-63）。

图 5-1-61

图 5-1-62

图 5-1-63

（6）缠丝桩顺缠。

① 接上式完成，缠丝桩不变，双臂开始做缠丝桩顺缠式。

② 缠丝桩顺缠左式、右式各三次并交替完成（图 5-1-64、图 5-1-65）。

图 5-1-64

图 5-1-65

（7）进步顺缠。

① 接上式完成，右脚尖略向右转，左脚收至右脚边，同时双臂做顺缠左式（图 5-1-66）。

② 左脚继续向左前方跨一步呈左斜向弓步，同时双臂做顺缠右式（图 5-1-67）。

③ 双脚不动，重心后移至右腿，呈右实左虚步，同时双臂做顺缠左式（图 5-1-68）。

④ 左脚尖略左转，重心再前移至左腿，右脚收至左脚边，同时双臂做顺缠右式（图 5-1-69）。

⑤ 右脚继续向右前方跨一步呈右斜向弓步，同时双臂做顺缠左式（图 5-1-70）。

图 5-1-66

图 5-1-67

图 5-1-68

图 5-1-69

图 5-1-70

（8）退步顺缠。

① 接上式完成，重心后移至左腿，右脚收回一步至左脚边，同时双臂做顺缠右式（图 5-1-71）。

② 右脚继续向右后方撤步，重心转移至右腿，左脚跟着收至右脚边，同时双臂做顺缠左式（图 5-1-72）。

图 5-1-71

图 5-1-72

③ 右脚不动，左腿向左侧平开一步，两脚尖向前，同时双臂做顺缠右式（图 5-1-73）。

图 5-1-73

(9) 侧步顺缠。

① 接上式完成，重心移至左腿，右脚向左后侧斜向倒插步，同时双臂做顺缠左式（图 5-1-74）。

② 重心移至右腿，左脚向左侧平开一步，同时双臂做顺缠右式（图 5-1-75）。

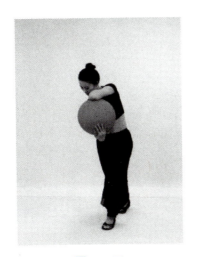
图 5-1-74

图 5-1-75

③ 重心移至右腿，左脚向右后侧斜向倒插步，同时双臂做顺缠左式（图 5-1-76）。

④ 重心移至左腿，右脚向右侧平开一步，脚尖向前，同时双臂做顺缠右式（图 5-1-77）。

(10) 定步逆缠。

① 接上式完成，双脚不动，双臂开始做逆缠式。

② 逆缠左式、右式各三次，交替完成（图 5-1-78、图 5-1-79）。

图 5-1-76

图 5-1-77

图 5-1-78

图 5-1-79

（11）退步逆缠。

①接上式完成，左脚向右腿后撤一步，呈左实右虚步，同时双臂做逆缠左式（图 5-1-80）。

②右脚继续向左腿后撤一步，呈右实左虚步，同时双臂做逆缠右式（图 5-1-81）。

图 5-1-80

图 5-1-81

（12）进步逆缠。

① 接上式完成，右脚向左腿前落一步，脚尖向右前外摆，右脚踏实，同时双臂做逆缠左式（图 5-1-82）。

② 左脚向右腿前落一步，脚尖向左前外摆，左脚踏实，同时双臂做逆缠右式（图 5-1-83）。

③ 右脚向右侧平开一步，两脚尖向前，同时双臂做逆缠左式（图 5-1-84）。

图 5-1-82

图 5-1-83

图 5-1-84

（13）侧步逆缠。

① 接上式完成，重心移至右腿，左脚向右后侧斜向倒插步，同时双臂做逆缠右式（图 5-1-85）。

② 重心移至左腿，右脚向右侧平开一步，同时双臂做逆缠左式（图 5-1-86）。

③ 重心移至左腿，右脚向左后侧斜向倒插步，同时双臂做逆缠右式（图 5-1-87）。

④ 重心移至右腿，左脚向左侧平开一步，两脚尖向前，同时双臂做逆缠左式（图 5-1-88）。

（14）进步金鸡独立。

① 接上式完成，右脚收至左脚边，同时两臂向右侧伸直，双掌抱球，再从右向上向左在身前画圈（图 5-1-89）。

② 上动不停，右腿向右斜前方跨一步，先弓后直，左腿提膝至右腿边，呈右金鸡独立。同时左手托球继续从身体左侧向下再向身前画弧，球的高度与双眼齐平。右手随球画弧上举至右额斜上方，掌心向右（图 5-1-90）。

第五章　无极球的核心动作技术提升 | 75

图 5-1-85

图 5-1-86

图 5-1-87

图 5-1-88

图 5-1-89

图 5-1-90

③ 上动略停，左脚原地下落脚尖点地，同时两臂伸直双掌抱球，从上向身体右侧画圈（图5-1-91）。

④ 上动不停，左腿向左斜前方跨一步，先弓后直，右腿提膝至左腿边，呈左金鸡独立。同时右手托球继续从身体右侧向下再向身前画弧，球的高度与双眼齐平。左手随球画弧上举至左额斜上方，掌心向左（图5-1-92）。

图 5-1-91

图 5-1-92

（15）收式。

① 接上式完成，右脚落地并向右平开一步，两脚尖向前。同时左手在上、右手在下抱球至胸前（图5-1-93）。

② 双脚不动，双臂顺缠右式、左式各两次（图5-1-94、图5-1-95）。

③ 右掌外旋，掌背贴身体中线上提至下颚。接着手掌内旋，与左掌呈掌心左右相对，抱球于胸前（图5-1-96）。

④ 左脚向右脚边收步，身体直立（中正舒松），双手抱球，置于腹部，目视前方（图5-1-97）。

第五章　无极球的核心动作技术提升 | 77

图 5-1-93

图 5-1-94

图 5-1-95

图 5-1-96

图 5-1-97

扫描二维码，观看顺逆缠示范视频

第二节 无极球中级动作技术——顺逆搓

一、顺搓

(一)坐式顺搓

1. 坐式顺搓基本要求

坐式顺搓的基本要求同坐式顺缠一致(图5-2-1a、图5-2-1b)。

图 5-2-1a

图 5-2-1b

2. 坐式顺搓基本动作

(1)坐式顺搓左前、右前搓动作过程。

① 右前搓。

动作一：

A. 因为顺搓是顺缠的"升级版"，所以，我们一般在顺缠后连接各种顺搓动作。

B. 做顺缠至左臂含胸送肘、右臂翻臂垂肘动作完成，此时球抱于胸前（图 5-2-2）。

C. 从以上抱球动作开始做右前搓。

图 5-2-2

动作二：

A. 上动不停，以右肘关节为轴心，右小臂贴身、掌心向外旋至锁骨处。

B. 同时，控球的左臂做翻臂垂肘的动作。

C. 此时，锁骨、右掌、无极球、左臂依次压紧（图 5-2-3a、图 5-2-3b）。

图 5-2-3a　　　　　　　图 5-2-3b

动作三：

A. 上动不停，右掌继续外旋、肘关节内拧，依次带动右掌、小臂、肘、大臂贴球的顶部向正前方搓出，直至右臂伸直，掌心向上。

B. 同时，控球的左臂继续做翻臂垂肘直至将球旋至右大臂根处，胸腹带动背部和搓球的右掌形成明显的前后对拉。

C. 此时，左掌、球、右腋下、右大臂外侧依次压紧，身体随着动作有个从含到展再到含胸的变化（图 5-2-4a、图 5-2-4b）。

图 5-2-4a　　　　　　　图 5-2-4b

动作四：

A.上动微停，右掌内旋、肘关节下坠，带动右臂贴球侧方下切至身体中线。

B.同时，控球的左掌变右腋下托球为带球环绕大臂根处，直至将球压至大臂外侧。

C.此时，前胸、右臂、球、左掌依次压紧，身体随着动作有一个从含到展再到含的变化（图5-2-5a、图5-2-5b）。

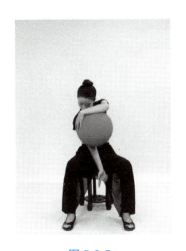
图 5-2-5a

图 5-2-5b

动作五：

A.上动不停，右臂反掌翻肘、接沉肩提肘、再接含胸送肘动作完成。

B.同时，控球的左臂做翻臂垂肘的动作。

C.此时，抱球于胸前同动作一，唯有抱球的上下手臂相反。

D.顺搓右前搓完成（图5-2-6）。

图 5-2-6

② 左前搓。

顺搓左前搓动作与右前搓方向相反，要领相同（图 5-2-7 ～ 图 5-2-11）。

图 5-2-7　　　　　　　　　　图 5-2-8

第五章　无极球的核心动作技术提升 | 83

图 5-2-9

图 5-2-10

图 5-2-11

（2）顺搓左侧、右侧搓动作过程。

① 右侧搓。

动作一：

A. 因为顺搓是顺缠的"升级版"，所以，我们一般在顺缠后连接各种顺搓动作。

B. 做顺缠至左臂含胸送肘、右臂翻臂垂肘动作完成，此时，球抱于胸前（图5-2-12）。

C. 从以上抱球动作开始做右侧搓。

图 5-2-12

动作二：

A. 上动不停，以右肘关节为轴心，右小臂贴身、掌心向外旋至锁骨处。

B. 同时，控球的左臂做翻臂垂肘的动作。

C. 此时，锁骨、右掌、无极球、左臂依次压紧（图5-2-13a、图5-2-13b）。

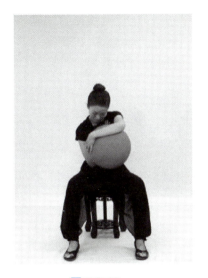
图 5-2-13a

图 5-2-13b

动作三：

A.上动不停，身体保持向前不变。沉肩坠肘，右掌内旋带动旋臂，使得右掌、小臂、肘、大臂贴球依次向右搓探出，直至右臂伸直、掌心向前。

B.同时，控球的左臂继续通过做翻臂垂肘的动作将球旋拉至右大臂根处；控球的左掌和搓球的右掌形成明显的左右对拉（图5-2-14a、图5-2-14b）。

C.此时，左掌、球、右大臂根依次压紧，身体随着动作由含到展再到完全打开，整个姿势如"张弓"式。

图 5-2-14a   图 5-2-14b

动作四：

A. 上动微停，右臂从身体右侧下切并至贴身体中线，掌心保持向前。

B. 同时，控球的左掌带环绕右大臂，此时前胸、右大臂、球、左掌依次压紧，身体由展再变为含（图 5-2-15a、图 5-2-15b）。

图 5-2-15a   图 5-2-15b

第五章 无极球的核心动作技术提升 | 87

动作五：

A. 上动不停，右臂反掌翻肘、沉肩提肘、接含胸送肘动作完成。

B. 同时，控球的左臂做翻臂垂肘的动作。

C. 此时，抱球于胸前同动作一，唯有抱球的上下手臂相反。

D. 顺搓右侧搓完成（图 5-2-16）。

图 5-2-16

② 左侧搓。

顺搓左侧搓动作与右侧搓方向相反，要领相同（图 5-2-17 ～ 图 5-2-20）。

图 5-2-17　　　　　　　　图 5-2-18

图 5-2-19　　　　　　　　图 5-2-20

（3）顺搓左上、右上搓动作过程。

① 右上搓。

动作一：

A. 因为顺搓是顺缠的"升级版"，所以，我们一般在顺缠后连接各种顺搓动作。

B. 做顺缠至左臂含胸送肘、右臂翻臂垂肘动作完成，此时球抱于胸前。

C. 从以上抱球动作开始做右上搓（图 5-2-21）。

图 5-2-21

动作二：

A. 上动不停，以右肘关节为轴心，右小臂贴身、掌心向外旋至锁骨处。

B. 同时，控球的左臂做翻臂垂肘的动作。

C. 此时，锁骨、右掌、无极球、左臂依次压紧（图 5-2-22a、图 5-2-22b）。

图 5-2-22a

图 5-2-22b

动作三：

A. 上动不停，身体保持向前不变。沉肩坠肘，右掌内旋带动旋臂，使得右掌、小臂、肘、大臂贴球依次向正上方搓出，直至右臂伸直、掌心向前。

B. 同时，控球的左掌配合搓球的右臂将球旋拉至右大臂根处，左掌、球、右大臂根依次压紧（图 5-2-23a、图 5-2-23b）。

C. 此时，身体随着动作由含到展再到完全打开，控球的左掌和搓球的右掌形成明显的上下对拉。

图 5-2-23a

图 5-2-23b

动作四：

A. 上动微停，右臂从身体上部向右侧下切并落至身前。右臂外侧贴身体中线，掌心保持向前。

B. 同时，控球的左掌带球环绕至右大臂外侧，此时前胸、右大臂、球、左掌依次压紧，身体由展再变为含（图 5-2-24a、图 5-2-24b）。

图 5-2-24a

图 5-2-24b

动作五：

A. 上动不停，右臂反掌翻肘、沉肩提肘、接含胸送肘动作完成。

B. 同时，控球的左臂做翻臂垂肘完成。

C. 此时，抱球于胸前同动作一，唯有抱球的上下手臂相反（图 5-2-25）。

D. 顺搓右上搓完成。

图 5-2-25

② 左上搓。

顺搓左上搓动作与右上搓方向相反，要领相同（图 5-2-26 ～图 5-2-30）。

图 5-2-26　　　　　　图 5-2-27

图 5-2-28

图 5-2-29

图 5-2-30

（4）顺搓左内绕、右内绕动作过程。

① 右内绕。

动作一：

A. 因为顺搓是顺缠的"升级版"，所以，我们一般在顺缠后连接顺搓各式。

B. 做顺缠至左臂含胸送肘、右臂翻臂垂肘动作完成，此时，球抱于胸前（图 5-2-31）。

C. 从以上抱球动作开始做顺搓右内绕。

图 5-2-31

动作二：

A. 上动不停，以右肘关节为轴心，右小臂贴身、掌心向外旋至锁骨处。

B. 同时，控球的左臂做翻臂垂肘的动作（图 5-2-32a、图 5-2-32b）。

C. 此时，锁骨、右掌、无极球、左臂依次压紧。

图 5-2-32a　　　　　　　图 5-2-32b

动作三：

A. 上动不停，右掌继续外旋、肘尖内拧，依次带动右掌、小臂、肘尖贴球的顶部向正下方绕球，直至右肘尖贴球，掌心向上。

B. 同时，控球的左臂继续做翻臂垂肘直至将球旋至右肘尖处（图 5-2-33a、图 5-2-33b）。

C. 身体随着动作有一个从含到展的变化。

图 5-2-33a

图 5-2-33b

动作四：

A. 上动不停，右掌内旋、肘关节下坠，带动右臂贴球侧方下切至身体中线。

B. 同时，控球的左掌变右肘下托球为带球环绕肘部后压紧（图 5-2-34a、图 5-2-34b）。

C. 此时，前胸、右肘、球、左掌依次压紧，身体随着动作从展再到含。

图 5-2-34a   图 5-2-34b

动作五：

A. 上动不停，右臂反掌翻肘、接沉肩提肘、再接含胸送肘完成。

B. 同时，控球的左臂做翻臂垂肘完成。

C. 此时，抱球于胸前同动作一，唯有抱球的上下手臂相反（图 5-2-35）。

D. 顺搓右内绕完成。

图 5-2-35

② 左内绕。

顺搓左内绕动作与右内绕方向相反，要领相同（图 5-2-36 ～图 5-2-40）。

图 5-2-36

图 5-2-37

图 5-2-38

图 5-2-39

图 5-2-40

(二) 站式顺搓

1. 站式顺搓基本要求

站式顺搓的基本要求同站式顺缠一致。

2. 站式顺搓基本动作

(1) 站式顺前搓动作过程。

A. 双脚分开与肩同宽，自然站立呈开立步，身体重心在两腿之间。按顺缠动作要求转球至左臂在上、右臂在下抱球，开始做左右之字步顺前搓（图 5-2-41）。

B. 左脚向右脚内侧平移，脚尖虚点，重心落于右腿。右臂控球依次做反掌翻肘、沉肩提肘、含胸送肘完成。同时左臂完成翻臂垂肘，并旋掌使掌背贴身上移至锁骨处。此时，锁骨、左掌、无极球、右臂依次压紧。身体随着动作有一个由含到展再到含的变化（图 5-2-42a、图 5-2-42b）。

C. 左脚向左前方（30°~45°）迈一步并踩实，重心落于左腿。左掌旋掌、沉肩依次带动掌、小臂、肘、大臂贴着球的顶部向侧前方搓出，直至左臂伸直。同时，控球的右臂做翻臂垂肘直至将球旋至左腋下，右掌托球。此时右掌、球、左腋下、左大臂依次压紧，身体随着动作有一个由含到展的变化（图5-2-43）。

D. 上动微停，左脚收回至右脚内侧，脚尖虚点，重心落于右腿。沉肩坠肘带动左臂贴球侧方下切至身体中线。同时，控球的右掌变左腋下托球为带球环绕左大臂根处，直至将球压至大臂外侧。此时，前胸、左臂、球、右掌依次压紧，身体随着动作有一个由展到含的变化（图5-2-44）。

E. 左脚向左侧横跨一步，右脚随之跟出落于左脚内侧，右脚尖虚点，重心落于左腿。左臂向开始依次做反掌翻肘、沉肩提肘、含胸送肘完成。同时，右臂做翻臂垂肘动作，并旋掌使掌背贴身上移至锁骨处。此时，锁骨、右掌、球、左臂依次压紧，身体随着动作有一个由含到展再到含的变化（图5-2-45a、图5-2-45b）。

F. 右脚向右前方（30°～45°）迈一步并踩实，重心落于右腿。右掌旋掌、沉肩依次带动掌、小臂、肘、大臂贴着球的顶部向侧前方搓出，直至右臂伸直。同时，控球的左臂做翻臂垂肘直至将球旋至右腋下，左掌托球。此时，左掌、球、右腋下、右大臂依次压紧，身体随着动作有一个由含到展的变化（图5-2-46）。

G. 上动微停，右脚收回至左脚内侧，脚尖虚点，重心落于左腿。沉肩坠肘带动右臂贴球侧方下切至身体中线。同时，控球的左掌变右腋下托球为带球环绕右大臂根处，直至将球压至大臂外侧。此时，前胸、右臂、球、左掌依次压紧，身体随着动作有一个由展到含的变化（图5-2-47）。

H. 至此，一个完整的站式顺前搓完成。接下来可做继续重复该式，也可接其他动作，或接开立步顺缠收式（图5-2-48）。

图 5-2-41

图 5-2-42a

图 5-2-42b

图 5-2-43

图 5-2-44

图 5-2-45a

图 5-2-45b

图 5-2-46

图 5-2-47

图 5-2-48

（2）站式顺上搓动作过程。

A. 双脚分开与肩同宽，自然站立呈开立步，身体重心在两腿之间。按顺缠动作要求转球至左臂在上、右臂在下抱球，开始做左右之字步顺上搓（图 5-2-49）。

B. 左脚向右脚内侧平移，脚尖虚点，重心落于右腿。右臂控球依次做反掌翻肘、沉肩提肘、含胸送肘完成。同时，左臂完成翻臂垂肘，并旋掌使掌背贴身上移至锁骨处。此时，锁骨、左掌、球、右臂依次压紧，身体随着动作有一个由含到展再到含的变化（图 5-2-50a、图 5-2-50b）。

C. 左脚向左前方（30°～45°）迈一步并踩实，重心落于左腿。左掌旋掌、沉肩依次带动掌、小臂、肘、大臂贴球依次向正上方搓出，直至左臂伸直。同时，控球的右臂做翻臂垂肘将球旋拉至左腋下处并压实。此时，身体随着动作有一个由含到展的变化（图 5-2-51）。

D. 上动微停，左脚收回至右脚内侧，脚尖虚点，重心落于右腿。沉肩坠肘带动左臂贴球向左侧下切并落至身前。同时，控球的右掌带球环绕至左大臂外侧，直至将球压至大臂外侧。此时，前胸、左大臂、球、右掌依次压紧，身体随着有一个由展到含的变化（图 5-2-52）。

E. 左脚向左侧横跨一步，右脚随之跟出落于左脚内侧，右脚尖虚点，重心落于左腿。左臂开始依次做反掌翻肘、沉肩提肘、含胸送肘完成。同时，右臂做翻臂垂肘完成，并旋掌使掌背贴身上移至锁骨处。此时，锁骨、右掌、球、左臂依次压紧，身体随着动作有一个由含到展再到含的变化（图 5-2-53a、图 5-2-53b）。

F. 右脚向右前方（30°～45°）迈一步并踩实，重心落于右腿。右掌旋掌、沉肩，使得掌、小臂、肘、大臂贴球依次向正上方搓出，直至右臂伸直。同时，控球的左掌配合搓球的右臂将球旋拉至右大臂根处并压实。此时，身体随着动作有一个由含到展的变化（图 5-2-54）。

G. 上动微停，右脚收回至左脚内侧，脚尖虚点，重心落于左腿。沉肩坠肘带动左臂贴球向左侧下切并落至身前。同时，控球的左掌带球环绕至右大臂外侧，直至将球压至大臂外侧。此时，前胸、右大臂、球、左掌依次压紧，身体随着动作有一个由展到含的变化（图 5-2-55）。

H. 至此，一个完整的站式顺上搓完成。接下来可做继续重复该式，也可接其他动作，或接开立步顺缠收式（图 5-2-56）。

图 5-2-49

图 5-2-50a

图 5-2-50b

图 5-2-51

第五章 无极球的核心动作技术提升 | 103

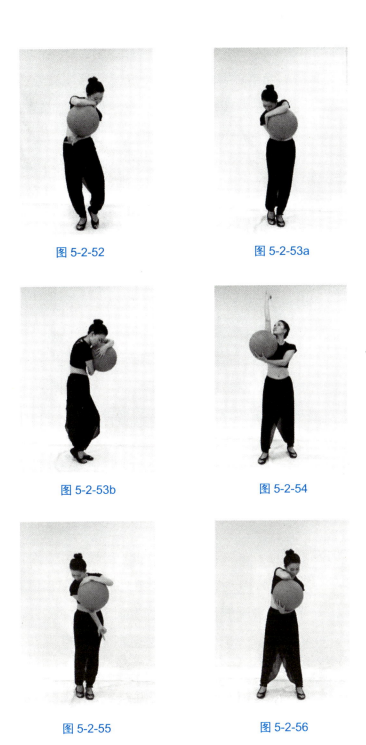

图 5-2-52

图 5-2-53a

图 5-2-53b

图 5-2-54

图 5-2-55

图 5-2-56

（3）站式顺内绕动作过程。

A. 双脚分开与肩同宽，自然站立呈开立步，身体重心在两腿之间。按顺缠动作要求转球至左臂在上、右臂在下抱球，开始做左右之字步顺内绕（图5-2-57）。

B. 左脚向右脚内侧平移，脚尖虚点，重心落于右腿。右臂控球依次做反掌翻肘、沉肩提肘、含胸送肘动作。同时，左臂完成翻臂垂肘动作，并旋掌使掌背贴身上移至锁骨处。此时，锁骨、左掌、球、右臂依次压紧。身体随着动作有一个由含到展再到含的变化（图5-2-58a、图5-2-58b）。

C. 左脚向左前方（30°～45°）迈一步并踩实，重心落于左腿。左掌旋掌、沉肩，依次带动掌、小臂、肘尖贴球的左侧部向侧前方搓出，直至左肘尖贴球。同时，控球的右臂继续做翻臂垂肘动作直至将球旋至左肘尖处。身体随着动作有一个由含到展的变化（图5-2-59a、图5-2-59b）。

D. 上动不停，左脚收回至右脚内侧，脚尖虚点，重心落于右腿。继续旋掌拧肘、沉肩含胸，带动左小臂贴球侧面下切至身体中线。同时，控球的右掌变左肘下托球为带球环绕肘部后压紧。前胸、左肘、球、右掌依次压紧，身体随着动作有一个由展到含的变化（图5-2-60a、图5-2-60b）。

E. 左脚向左侧横跨一步，右脚随之跟出落于左脚内侧，右脚尖虚点，重心落于左腿。左臂向开始依次做反掌翻肘、沉肩提肘、含胸送肘动作。同时，右臂做翻臂垂肘动作，并旋掌使掌背贴身上移至锁骨处。此时，锁骨、右掌、球、左臂依次压紧，身体随着动作有一个由含到展再到含的变化（图5-2-61a、图5-2-61b）。

F. 右脚向右前方（30°～45°）迈一步并踩实，重心落于右腿。右掌旋掌沉肩，依次带动掌、小臂、肘尖贴球的右侧部向侧前方搓出，直至右肘尖贴球。同时，控球的右臂继续做翻臂垂肘动作直至将球旋至右肘尖处。身体随着动作有一个由含到展的变化（图 5-2-62a、图 5-2-62b）。

H. 上动不停，右脚收回至左脚内侧，脚尖虚点，重心落于左腿。继续旋掌拧肘、沉肩含胸，带动右小臂贴球侧面下切至身体中线。同时，控球的左掌变右肘下托球为带球环绕肘部后压紧。此时前胸、右肘、球、左掌依次压紧，身体随着动作有一个由展到含的变化（图 5-2-63a、图 5-2-63b）。

J. 至此，一个完整的站式顺内绕完成。接下来可做继续重复该式，也可接其他动作，或接开立步顺缠收式（图 5-2-64）。

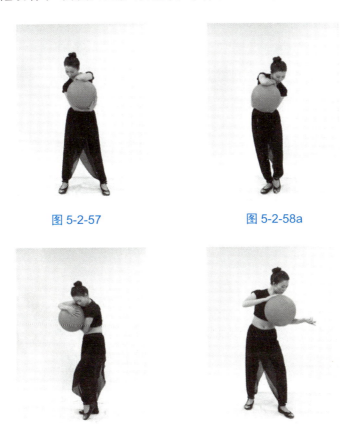

图 5-2-57　　　　　　　　图 5-2-58a

图 5-2-58b　　　　　　　　图 5-2-59a

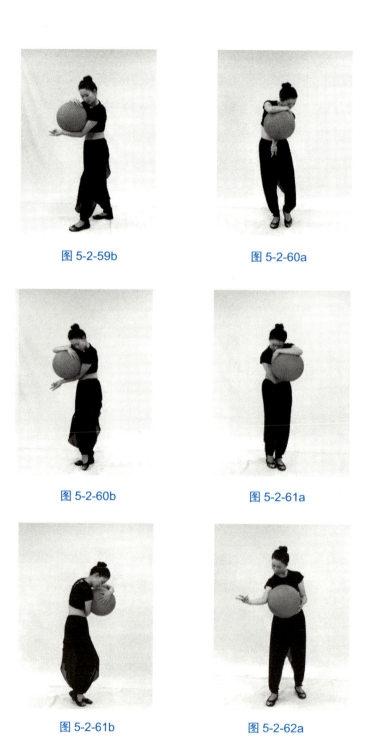

图 5-2-59b

图 5-2-60a

图 5-2-60b

图 5-2-61a

图 5-2-61b

图 5-2-62a

图 5-2-62b

图 5-2-63a

图 5-2-63b

图 5-2-64

（4）站式顺侧搓动作过程。

A. 双脚分开与肩同宽，自然站立呈开立步，身体重心在两腿之间。按顺缠动作要求转球至左臂在上、右臂在下抱球，开始做左右开步顺侧搓（图 5-2-65）。

B. 左脚向右脚内侧平移，脚尖虚点，重心落于右腿。右臂控球依次做反掌翻肘、沉肩提肘、含胸送肘动作。同时，左臂完成翻臂垂肘动作，并旋掌使掌背贴身上移至锁骨处。此时，锁骨、左掌、球、右臂依次压紧。身体随着动作有一个由含到展再到含的变化（图5-2-66）。

C. 左脚向左侧平迈一大步并踩实，重心落于左腿。左掌旋掌拧臂、沉肩坠肘，使掌、小臂、肘、大臂贴球依次向左侧探出，直至左臂伸直。同时，控球的右臂继续通过做翻臂垂肘的动作将球旋拉至左大臂根内侧处，身体面向正前方。此时，左大臂、球、右掌根依次压紧，控球的右掌和搓球的左掌形成明显的左右对拉，整个姿势如"张弓"式，身体随着动作有一个由含到展再到完全打开的变化（图5-2-67）。

D. 上动微停，步伐不动，重心移至右腿。沉肩坠肘，带动左臂贴球侧面下切至身体中线。同时，控球的右掌带球环绕至左大臂根外侧处，并将球压紧。此时，前胸、左臂、球、右掌依次压紧，身体随着动作有一个由展到含的变化（图5-2-68）。

E. 右脚向左脚内侧平移，脚尖虚点，重心落于左腿。左臂控球依次做反掌翻肘、沉肩提肘、含胸送肘动作。同时，右臂完成翻臂垂肘动作，并旋掌使掌背贴身上移至锁骨处。此时锁骨、右掌、球、左臂依次压紧，身体随着动作有一个由含到展再到含的变化（图5-2-69）。

F. 右脚向右侧平迈一大步并踩实，重心落于右腿。右掌旋掌拧臂、沉肩坠肘，使掌、小臂、肘、大臂贴球依次向右侧探出，直至右臂伸直。同时，控球的左臂继续通过做翻臂垂肘的动作将球旋拉至右大臂根内侧处，身体面向正前方。此时右大臂、球、左掌根依次压紧，控球的左掌和搓球的右掌形成明显的左右对拉，整个姿势如"张弓"式，身体随着动作有一个由含到展再到完全打开的变化（图5-2-70）。

G. 上动微停，步伐不动，重心移至左腿。沉肩坠肘，带动右臂贴球侧面下切至身体中线。同时，控球的左掌带球环绕至右大臂根外侧处，并将球压紧。此时前胸、右臂、球、左掌依次压紧，身体随着动作有一个由展到含的变化（图5-2-71）。

H. 至此，一个完整的站式顺侧搓完成。接下来可做继续重复该式，也可接其他动作，或接开立步顺缠收式（图 5-2-72）。

图 5-2-65

图 5-2-66

图 5-2-67

图 5-2-68

图 5-2-69　　　　　　　　图 5-2-70

图 5-2-71　　　　　　　　图 5-2-72

二、逆搓

（一）坐式逆搓

1. 坐式逆搓基本要求

坐式逆搓的基本要求同坐式顺缠一致。

2. 坐式逆搓基本动作

（1）逆搓左前、右前式动作过程。

① 逆搓右前式。

动作一：

A. 因为逆搓是逆缠的"升级版"，所以，我们一般在逆缠后连接逆搓。

B. 做逆缠至左臂完成坠肘沉肩、右臂完成松肘旋臂动作，此时，球抱于胸前（图5-2-73a、图5-2-73b）。

C. 从以上抱球动作开始做逆搓右前式。

图 5-2-73a

图 5-2-73b

动作二：

A. 上动不停，以右肘关节为轴心，肘尖向前，右臂屈肘呈"V"形，手背移至锁骨处。

B. 同时，控球的左臂做送肘含胸的动作（图5-2-74a、图5-2-74b）。

图 5-2-74a　　　　　　　　图 5-2-74b

动作三：

A. 上动不停，右掌背贴身体中线下穿，直至手臂伸直。

B. 同时，控球的左臂抱球做松肘旋臂的动作，并带动左掌将球压至右大臂处（图 5-2-75a、图 5-2-75b）。

C. 此时，前胸、右大臂、球、左手依次压紧。

图 5-2-75a　　　　　　　　图 5-2-75b

动作四：

A. 上动不停，右掌外旋，旋臂拧肘贴球一侧将右臂翻至球的顶部，指尖向前、掌心向上、大臂外侧贴球。

B. 同时，控球的左臂做翻臂垂肘的动作，将球旋至右大臂腋下（图 5-2-76a、图 5-2-76b）。

C. 此时，左手、球、右腋下、右大臂外侧依次压紧。

图 5-2-76a

图 5-2-76b

动作五：

A. 上动微停，右大臂、肘关节、小臂从球的顶部依次向身前内收，呈压肘旋掌于胸前。

B. 同时，控球的左掌、臂做松肘旋臂，将球从右腋下贴大臂外侧旋至腕部并压紧（图 5-2-77a、图 5-2-77b）。

C. 此时，抱球于胸前同动作一，唯抱球的内外手臂相反。

D. 逆搓右前式完成。

图 5-2-77a

图 5-2-77b

② 逆搓左前式。

逆搓左前式动作和右前式动作相反，要领相同（图 5-2-78 ～ 图 5-2-82）。

图 5-2-78

图 5-2-79

图 5-2-80

图 5-2-81

图 5-2-82

（2）逆搓左绕臂、右绕臂式动作过程。

① 逆搓右绕臂。

动作一：

A. 因为逆搓是逆缠的"升级版"，所以，我们一般在逆缠后连接逆搓绕臂式。

B. 做逆缠至左臂压肘旋掌、右臂松肘旋臂动作完成，此时，球抱于胸前（图5-2-83）。

C. 从以上抱球动作开始做逆搓右绕臂式。

图 5-2-83

动作二：

A. 上动不停，以右肘关节为轴心，肘关节向前，右臂屈肘呈"V"形，手背移至锁骨处。

B. 同时，控球的左臂做坠肘沉肩的动作（图5-2-84a、图5-2-84b）。

图 5-2-84a

图 5-2-84b

动作三：

A. 上动不停，右掌背贴身体中线下穿，直至手臂伸直。

B. 同时，控球的左臂抱球做送肘含胸、松肘旋臂的动作，并带动左掌将球压至右大臂处（图 5-2-85a、图 5-2-85b）。

C. 此时，前胸、右大臂、球、左手依次压紧。

图 5-2-85a

图 5-2-85b

动作四：

A. 上动不停，右掌外拧带动旋臂，贴球沿身体右侧环绕至上方，过程中要注意手臂伸直，掌心向后。

B. 同时，控球的左臂做翻臂垂肘的动作，将球旋至右大臂腋下（图 5-2-86a、图 5-2-86b）。

C. 此时，左手、球、右腋下、右大臂依次压紧。

图 5-2-86a　　　　　　　　图 5-2-86b

动作五：

A. 上动微停，右大臂、肘关节、小臂从球的内侧依次下坠、内收，呈压肘旋掌于胸前。

B. 同时，控球的左掌、臂做松肘旋臂，将球从右腋下贴大臂外侧旋至腕部并压紧（图5-2-87）。

C. 此时，抱球于胸前同动作一，唯抱球的内外手臂相反。

D. 逆搓右前式完成。

图 5-2-87

② 逆搓左绕臂。

逆搓左绕臂式动作和右绕臂式动作相反，要领相同（图 5-2-88 ～ 图 5-2-92）。

图 5-2-88

图 5-2-89

图 5-2-90

图 5-2-91

图 5-2-92

（二）站式逆搓

1. 站式逆搓基本要求

站式逆搓的基本要求同站式顺缠一致。

2. 站式逆搓基本动作

（1）站式逆前搓动作过程。

A. 双脚分开与肩同宽，自然站立呈开立步，身体重心在两腿之间。按逆缠动作要求转球至左臂在内呈坠肘沉肩、右臂在外呈松肘旋臂抱球，开始做左右之字步逆前搓（图 5-2-93）。

B. 左脚向右脚内侧平移，脚尖虚点，重心落于右腿。左臂做松肘含胸、松肘旋臂后，以左肘尖为轴心，肘尖向前，将左臂屈肘呈"V"形，手背移至锁骨处。同时，右臂从松肘旋臂变为压肘旋掌，身体随着动作有一个由含到展的变化（图 5-2-94a、图 5-2-94b）。

C. 左脚向左前方（30°～45°）迈一步并踩实，重心落于左腿。左掌背贴身体中线下穿，直至手臂伸直，继续左掌旋掌拧肘、沉肩翻臂贴至球的顶部。同时，控球的右臂抱球做送肘含胸、松肘旋臂的动作并将球压至左大臂处，继续右臂做翻臂垂肘的动作，将球旋至左腋下。此时，右掌、球、左腋下、左大臂依次压紧，身体随着动作有一个由展到含再到展的变化（图5-2-95a～图5-2-95c）。

D. 上动微停，左脚收回至右脚内侧，脚尖虚点，重心落于右腿。左大臂、肘尖、小臂依次从球的顶部做压肘旋掌收于胸前。同时，控球的右掌、臂做送肘含胸、松肘旋臂的动作，将球从左腋下贴大臂旋至肘部。身体随着动作有一个由展到含的变化（图5-2-96）。

E. 左脚向左侧横跨一步，右脚随之跟出落于左脚内侧，右脚尖虚点，重心落于左腿。右臂继续松肘旋臂后，以右肘尖为轴心，肘尖向前，将右臂屈肘呈"V"形，手背移至锁骨处。同时，左臂继续压肘旋掌，身体随着动作有一个由含到展的变化（图5-2-97a、图5-2-97b）。

F. 右脚向右前方（30°～45°）迈一步并踩实，重心落于右腿。右掌背贴身体中线下穿，直至手臂伸直，继续右掌旋掌拧肘、沉肩翻臂贴至球的顶部。同时，控球的左臂抱球做送肘含胸、松肘旋臂的动作并将球压至右大臂处，继续左臂做翻臂垂肘的动作，将球旋至右腋下。此时，左掌、球、右腋下、右大臂依次压紧，身体随着动作有一个由展到含再到展的变化（图5-2-98a～图5-2-98c）。

G. 上动微停，右脚收回至左脚内侧，脚尖虚点，重心落于左腿。右大臂、肘尖、小臂依次从球的顶部做压肘旋掌收于胸前。同时，控球的左掌、臂做送肘含胸、松肘旋臂的动作，将球从右腋下贴大臂旋至肘部，身体随着动作有一个由展到含的变化（图5-2-99a、图5-2-99b）。

H. 至此，一个完整的站式逆前搓完成。接下来可做继续重复该式，也可接其他动作，或接开立步逆缠收式（图5-2-100）。

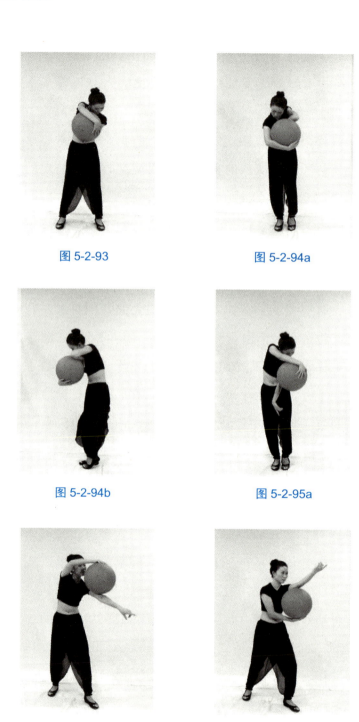

图 5-2-93

图 5-2-94a

图 5-2-94b

图 5-2-95a

图 5-2-95b

图 5-2-95c

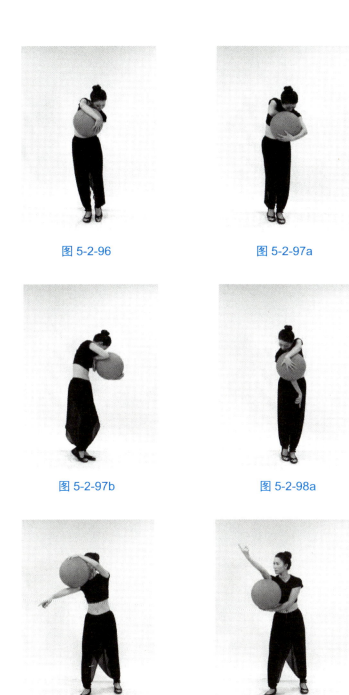

图 5-2-96　　　　　　　　图 5-2-97a

图 5-2-97b　　　　　　　　图 5-2-98a

图 5-2-98b　　　　　　　　图 5-2-98c

图 5-2-99a

图 5-2-99b

图 5-2-100

（2）站式逆搓绕臂动作过程。

A. 双脚分开与肩同宽，自然站立呈开立步，身体重心在两腿之间。按逆缠动作要求转球至左臂在内呈坠肘沉肩、右臂在外呈松肘旋臂抱球，开始做左右开步逆搓绕臂（图 5-2-101）。

B. 左脚向右脚内侧平移，脚尖虚点，重心落于右腿。左臂做送肘含胸、松肘旋臂后，以左肘尖为轴心，肘关节向前，将左臂屈肘呈"V"

形，手背移至锁骨处。同时，右臂从松肘旋臂变为压肘旋掌，身体随着动作有一个由含到展的变化（图5-2-102a、图5-2-102b）。

C. 左脚向左侧平迈一大步并踩实，重心落于两腿之间。左掌背贴身体中线下穿，直至手臂伸直，继续旋掌拧肘、沉肩翻臂贴球沿身体左侧环绕至正上方，掌心向后，指尖向上。同时，控球的右臂抱球做送肘含胸、松肘旋臂的动作并将球压至左大臂处，继续右臂做翻臂垂肘的动作，将球旋至左腋下。此时，右掌、球、左腋下、左大臂依次压紧，身体随着动作有一个由展到含再到展的变化（图103a～图103e）。

D. 上动微停，步伐不动，重心不变。左大臂、肘关节、小臂从球的内侧依次下坠、内收，呈压肘旋掌于胸前。同时，控球的右掌、臂做松肘旋臂，将球从左腋下贴大臂外侧旋至腕部，身体随着动作有一个由展到含的变化（图5-2-104）。

E. 右脚向左脚内侧平移，脚尖虚点，重心落于左腿。右臂继续松肘旋臂后，以右肘尖为轴心，肘尖向前，将右臂屈肘呈"V"形，手背移至锁骨处。同时，左臂继续压肘旋掌，身体随着动作有一个由含到展的变化（图5-2-105a、图5-2-105b）。

F. 右脚向右侧平迈一大步并踩实，重心落于两腿之间。右掌背贴身体中线下穿，直至手臂伸直，继续旋掌拧肘、沉肩翻臂贴球沿身体右侧环绕至正上方，掌心向后，指尖向上。同时，控球的左臂抱球做送肘含胸、松肘旋臂的动作并将球压至左大臂处，继续右臂做翻臂垂肘的动作，将球旋至左腋下。此时，左掌、球、右腋下、右大臂依次压紧，身体随着动作有一个由展到含再到展的变化（图5-2-106a～图5-2-106e）。

G. 上动微停，步伐不动，重心不变。右大臂、肘尖、小臂从球的内侧依次下坠、内收，呈压肘旋掌于胸前。同时，控球的左掌、臂做松肘旋臂，将球从右腋下贴大臂外侧旋至腕部，身体随着动作有一个由展到含的变化（图 5-2-107a、图 5-2-107b）。

H. 至此，一个完整的站式逆搓绕臂完成。接下来可做继续重复该式，也可接其他动作，或接开立步逆缠收式（图 5-2-108）。

图 5-2-101

图 5-2-102a

图 5-2-102b

图 5-2-103a

第五章　无极球的核心动作技术提升 | 127

图 5-2-103b

图 5-2-103c

图 5-2-103d

图 5-2-103e

图 5-2-104

图 5-2-105a

图 5-2-105b

图 5-2-106a

图 5-2-106b

图 5-2-106c

图 5-2-106d

图 5-2-106e

图 5-2-107a　　　　　　　图 5-2-107b

图 5-2-108

三、顺逆搓综合

（一）顺逆搓基本步法

在顺逆搓球中，我们会用到开立步、弓步、马步、缠丝桩、金鸡独立等基本功。关于这些步法在顺逆缠中有详细讲解，这里就不再重复。

（二）顺逆搓基本动作

（1）起式。

A. 身体直立（中正舒松），双掌左右相对抱球于腹部，目光前视（图 5-2-109）。

B. 左腿向左侧开步（与肩同宽）呈开立步，同时将球托至胸前（图 5-2-110）。

图 5-2-109

图 5-2-110

（2）托举。

A. 双掌将球托举至头顶，双臂伸直，眼随球走（图 5-2-111）。

B. 沉肩屈肘，将球缓缓下拉至胸前，目光前视（图 5-2-112）。

图 5-2-111

图 5-2-112

（3）定步顺左前、右前搓。

A. 脚步不动，双腿微曲，同时，旋掌呈左掌在下右掌在上、掌心相对抱球，开始做顺左前、右前搓各一次（图 5-2-113a～图 5-2-113c）。

B. 上述动作完成后，左掌在上右掌在下抱球（图 5-2-114）。

图 5-2-113a

图 5-2-113b

图 5-2-113c

图 5-2-114

（4）定步顺左侧、右侧搓。

A. 脚步不动，顺缠半圈呈从左掌在下右掌在上抱球开始做顺左侧、右侧搓各一次（图 5-2-115a ～ 图 5-2-115c）。

B. 上述动作完成后，左掌在上右掌在下抱球（图 5-2-116）。

图 5-2-115a

图 5-2-115b

图 5-2-115c

图 5-2-116

（5）定步顺左上、右上搓。

A. 脚步不动，顺缠半圈呈从左掌在下右掌在上抱球开始做顺左上、右上搓各一次（图 5-2-117a ～ 图 5-2-117c）。

B. 上述动作完成后，左掌在上右掌在下抱球（图 5-2-118）。

图 5-2-117a

图 5-2-117b

图 5-2-117c

图 5-2-118

（6）定步顺左内绕、右内绕搓。

A. 脚步不动，顺缠半圈呈从左掌在下右掌在上抱球开始做顺左内绕、右内绕搓各一次（图 5-2-119a～图 5-2-119c）。

B. 上述动作完成后，左掌在上右掌在下抱球（图 5-2-120）。

图 5-2-119a

图 5-2-119b

图 5-2-119c

图 5-2-120

（7）定步逆左前、右前搓。

A. 脚步不动，逆缠左右各一次，接左臂屈肘贴身体下穿完成逆左前、右前搓各一次（图 5-2-121a～图 5-2-121f）。

B. 上述动作完成后，右臂压肘旋掌于胸前，左臂松肘旋臂抱球压于右臂上。

图 5-2-121a

图 5-2-121b

图 5-2-121c

图 5-2-121d

图 5-2-121e

图 5-2-121f

（8）定步逆左绕臂、右绕臂搓。

A. 脚步不动，左臂屈肘贴身体下穿完成逆左绕臂、右绕臂各一次（图 5-2-122a ～ 图 5-2-122f）。

B. 上述动作完成后，右臂从身体右侧下落，呈右掌在下左掌在上掌心相对抱球。

第五章　无极球的核心动作技术提升 | 137

图 5-2-122a

图 5-2-122b

图 5-2-122c

图 5-2-122d

图 5-2-122e

图 5-2-122f

（9）进步顺左前、右前搓。

A. 右脚尖略向右转，左脚收至右脚边后，继续向左前方跨一步呈左斜向弓步，同时，双臂顺缠半圈后完成顺左前搓（图 5-2-123a、图 5-2-123b）。

B. 右脚前收至左脚边后，继续向右前方跨一步呈右斜向弓步，同时，双臂顺缠半圈后完成顺右前搓（图 5-2-124a、图 5-2-124b）。

图 5-2-123a

图 5-2-123b

图 5-2-124a

图 5-2-124b

（10）退步顺左侧、右侧搓。

A. 左脚不动，右脚后收至左脚内侧后继续向右后方退一步呈斜向马步，同时，双臂顺缠半圈后完成顺左侧搓（图5-2-125a、图5-2-125b）。

B. 右脚不动，左脚后收至右脚内侧后继续向左侧平开一步呈正向马步，同时，双臂顺缠半圈后完成顺右侧搓（图5-2-126a、图5-2-126b）。

图 5-2-125a

图 5-2-125b

图 5-2-126a

图 5-2-126b

（11）倒插步顺左内绕、右内绕搓。

A. 左脚不动，右脚插向左脚后侧，呈倒插步，同时，双臂做顺右内绕搓（图 5-2-127）。

B. 左脚向左一步平开一步落在右脚内侧，两脚距离与肩同宽，同时，双臂完成顺左上搓（图 5-2-128）。

C. 右脚不动，左脚插向右脚后侧，呈倒插步，同时，双臂做顺左内绕搓（图 5-2-129）。

D. 右脚向右一步平开一步落在左脚内侧，两脚距离与肩同宽，同时，双臂完成顺右上搓（图 5-2-130）。

图 5-2-127

图 5-2-128

图 5-2-129

图 5-2-130

（12）退步逆左前、右前搓。

A. 接上式双脚不动，右臂完成压肘旋掌，左臂完成松肘旋臂压球于右大臂上（图 5-2-131）。

B. 右脚向左脚内侧平移，脚尖虚点，重心落于左腿。左臂完成压肘旋掌，右臂完成松肘旋臂压球于左大臂上，开始做逆左前、右前搓（图 5-2-132）。

C. 退右脚呈左弓步，双臂完成逆右前搓（图 5-2-133a、图 5-2-133b）。

D. 重心移至右腿，继续退左脚呈右弓步双臂完成逆左前搓（图 5-2-134a、图 5-2-134b）。

图 5-2-131

图 5-2-132

图 5-2-133a

图 5-2-133b

图 5-2-134a

图 5-2-134b

（13）进步逆左前、右前搓。

A. 步法不变，完成逆右前搓，此时，右手右脚在前（图 5-2-135）。

B. 左脚前移至右脚内侧后，继续进左脚呈左弓步，双臂完成逆左前搓，此时，左手左脚在前（图 5-2-136）。

C. 左脚不动，右脚前移至右脚内侧后平开一步呈开立步，同时，双臂完成逆右前搓（图 5-2-137）。

图 5-2-135

图 5-2-136

图 5-2-137

（14）倒插步逆左绕臂、右绕臂搓。

A. 右脚不动，左脚插向右脚后侧，呈倒插步，同时，右臂压肘旋掌，左臂松肘旋臂抱球压于右臂上（图 5-2-138）。

B. 右脚向右一步平开一步落在左脚内侧，两脚距离与肩同宽，同时，双臂完成逆左绕臂（图 5-2-139a、图 5-2-139b）。

C. 左脚不动，右脚插向左脚后侧，呈倒插步，同时，左臂压肘旋掌，右臂松肘旋臂抱球压于左臂上（图 5-2-140）。

D. 左脚向左一步平开一步落在右脚内侧，两脚距离与肩同宽，同时，双臂完成逆右绕臂（图 5-2-141a、图 5-2-141b）。

图 5-2-138

图 5-2-139a

图 5-2-139b

图 5-2-140

图 5-2-141a

图 5-2-141b

（15）进步金鸡独立。

A. 接上式动作完成，右脚收至左脚边。同时，右臂压肘旋掌，左臂松肘旋臂抱球，从右、上、左、身前画弧。右腿向右斜前方跨一步，先弓后直，左腿提膝至右腿边，呈右金鸡独立。同时，左手托球于身前，右手随球画弧上举至右额斜上方，掌心向右（图 5-2-142a～图 5-2-142c）。

B. 上动略停，左脚原地下落脚尖点地，同时，双掌抱球，从前、右、下、身前画弧。左腿向左斜前方跨一步，先弓后直，右腿提膝至左腿边，呈左金鸡独立。同时，右手托球于身前，左手随球画弧上举至左额斜上方，掌心向左（图 5-2-143a～图 5-2-143c）。

图 5-2-142a

图 5-2-142b

图 5-2-142c

图 5-2-143a

图 5-2-143b

图 5-2-143c

（16）收式。

A. 接上式动作完成，右脚落地并向右平开一步，两脚尖向前。同时，左手在上、右手在下抱球至胸前（图 5-2-144）。

B. 双脚不动，双臂顺缠右式、左式各两次。

C. 右掌外旋，掌背贴身体中线上提至下颚。接着手掌内旋，与左掌呈掌心左右相对，抱球于胸前（图 5-2-145a、图 5-2-145b）。

D. 左脚向右脚边收步，身体直立（中正舒松），双手抱球，置于腹部，目视前方（图 5-2-146）。

第五章　无极球的核心动作技术提升 | 147

图 5-2-144

图 5-2-145a

图 5-2-145b

图 5-2-146

提示

扫描二维码，观看顺逆搓示范视频

第三节 无极球高级动作技术——顺逆发劲

无极球的高级动作技术之一为顺逆发劲动作，通过之前无极球初级、中级的缠、搓技术将身体柔化、气血增强后，再借助无极球的发劲动作技术将身体做再一次的"锤炼"，达到真正的刚柔相济、形神合一。无极球的发劲动作方法共有八种，分别为顺发劲动作的弹、顺、发、落及逆发劲动作的裹、抖、穿、靠。

一、顺发劲

（一）弹劲激发

1. 动作过程

双臂做顺缠后，将球带向身体右侧，右手顺势用手掌贴着无极球由右向左，由下略往上旋转滚切，手尖向上。左手屈臂环抱无极球，待无极球滚切至左侧时，借助地面反力，将无极球往左前方如弹簧弹开（图 5-3-1～图 5-3-3）。

图 5-3-1

图 5-3-2

图 5-3-3

反式动作相同,方向相反(图 5-3-4 ~ 图 5-3-6)。

图 5-3-4

图 5-3-5

图 5-3-6

2. 动作重点

动作时意守丹田,腰胯保持中正。要求以内使外之力,以阴助阳,以心行意,以意导气,以气运身,节节贯穿之整力。

3. 动作劲意

先实丹田气,次要顶头悬。全体弹簧力,开合一定间。任有千斤重,漂浮亦不难。

(二)顺劲激发

1. 动作过程

双臂做顺缠后,右臂带球向身体右前侧做顺前搓。稍停后左掌控球、右臂贴球做螺旋式的划弧,向后向左向下将球引到身体。待球贴近身体时,腰胯突然生发一股外丢弹抖劲(图 5-3-7 ~ 图 5-3-10)。

图 5-3-7　　　　　　　　　　　　图 5-3-8

图 5-3-9　　　　　　　　　　　　图 5-3-10

反式动作相同，方向相反（图 5-3-11 ～ 图 5-3-14）。

图 5-3-11

图 5-3-12

图 5-3-13

图 5-3-14

2. 动作重点

手臂下落时要转腰坐胯、含胸拔背,身体活而不僵。

3. 动作劲意

引导使之前,顺其来时力。轻灵不丢顶,力尽自然空。丢击任自然,重心自维持。

（三）发劲激发

1. 动作过程

双臂做顺缠后，左手前升、左臂撑圆、呈屈臂弧形抱球。同时，后腿迅速蹬地，拧裆转腰，催动身体带动右手臂旋转，右掌搭在无极球上而挤之，将无极球挤发出去（图 5-3-15 ～ 图 5-3-18）。

图 5-3-15

图 5-3-16

图 5-3-17

图 5-3-18

反式动作相同，方向相反（图 5-3-19 ～ 图 5-3-22）。

图 5-3-19

图 5-3-20

图 5-3-21

图 5-3-22

2. 动作重点

发劲不可用臂力，须用腰腿劲。做到虚领顶劲、精神贯注、心气下沉、松肩沉肘、含胸塌腰、合裆松胯。保持立身中正、上下合一，勿向前俯，免失重心。

3. 动作劲意

直接单纯意，迎合一动中。间接反应力，如球撞壁还；又如钱投鼓，跃然声铿锵。

（四）落劲激发

1. 动作过程

双臂做顺缠后，右臂沉肩抱球向后向上做环形运动至肩顶。后右前臂外旋，肘部按球下落至腹部，左掌协助控球（图5-3-23～图5-3-26）。

图 5-3-23

图 5-3-24

图 5-3-25　　　　　　　　图 5-3-26

反式动作相同，方向相反（图 5-3-27 ～ 图 5-3-30）。

图 5-3-27　　　　　　　　图 5-3-28

图 5-3-29　　　　　　　　图 5-3-30

2. 动作重点

落在腰攻，以腰为主力，腰腿蓄劲带动全身，两手只起到支撑作用。落劲下落时，自己的身体如打足了气的球（俗话称：将自己撑圆了），这时不但脊椎与手形成对拉，而且头顶与脚底也形成对拉。

3. 动作劲意

运用似水行，柔中寓刚强。遇高则澎满，逢洼向下潜。波浪有起伏，有孔无不入。

二、逆发劲

（一）裹劲激发

1. 动作过程

双臂做逆缠后，右手屈肘（肘关节向下）贴身，右手拇指领劲带动右臂外拧上提，左臂抱球，腰胯下坐，身体下沉（图 5-3-31、图 5-3-32）。

图 5-3-31　　　　　　　　图 5-3-32

反式动作相同，方向相反（图 5-3-33、图 5-3-34）。

图 5-3-33　　　　　　　　图 5-3-34

2. 动作重点

在这个裹劲里，劲跟在身体的双脚，提掌的劲路要与双脚下沉的沉劲相合。要达到这种融合，就需腰胯的带动和统一。在向下踩时，腰胯下坐，落往双脚，以腰胯下沉带动手臂，一起落往脚跟，这样整体的沉劲就容易出来，下踩的劲力才能充足。在这个动作中，要求速度要快，呼气亦快，身体一沉，带动双手快速下踩。

3. 动作劲意

如权之引衡，任你力巨细。转移只四两，千斤易可平。若问理何在，斡捍之作用。

（二）抖劲激发

1. 动作过程

双臂做逆缠后，右臂逆搓向右前搓出至右肘内侧贴球，拧腰旋臂，右肘带动全身将无极球向右上、右后翻转后向左前甩出。左掌协助控无极球（图 5-3-35 ～ 图 5-3-38）。

图 5-3-35

图 5-3-36

图 5-3-37

图 5-3-38

反式动作相同，方向相反（图 5-3-39～图 5-3-42）。

图 5-3-39

图 5-3-40

图 5-3-41　　　　　　　　图 5-3-42

2. 动作重点

抖劲易短不易长，劲力也不可过大，发劲如抖鞭。

3. 动作劲意

投物于其上，脱然掷丈寻。君不见漩涡，卷浪若螺纹。落叶堕其上，倏尔便沉沦。

（三）穿劲激发

1. 动作过程

双臂做逆缠后，右臂贴于胸前，左手抱球贴于右臂。含胸塌腰将右臂向右侧引，继而微向左侧身上步，速用左手搭住无极球向怀中速带，与此同时呼气，并发击拦腰肘（图 5-3-43 ～ 图 5-3-46）。

图 5-3-43

图 5-3-44

图 5-3-45

图 5-3-46

反式动作相同，方向相反（图 5-3-47 ～ 图 5-3-50）。

图 5-3-47

图 5-3-48

图 5-3-49

图 5-3-50

2. 动作重点

发肘动作时，左右两股劲合成一顺劲，一快一慢，以己之快催彼之慢，蓄劲既足，发劲刚猛，在一呼一吸、一合一开的瞬间完成动作。离不开转身弹抖，步健手快，只不过旋转弹抖圈小而已。这就是拳论中所讲的：由大圈而中圈，由中圈而小圈，由小圈渐小渐微，这时蓄劲抖弹无形无迹，发击距离短小，精微巧妙。

3. 动作劲意

方法有五行，虚实须辨清。连环势莫挡，开花锤更凶。六劲融通后，运用始无穷。

（四）靠劲激发

1. 动作过程

双臂做逆缠后，先右臂逆搓贴身下穿，再右臂外旋带动右肩后拉，后右臂内旋带动右肩前靠。左臂控球，略向左侧贴身画弧，继而将球向右肩部速带，与右肩形成合击（图 5-3-51 ～ 图 5-3-54）。

图 5-3-51

图 5-3-52

图 5-3-53

图 5-3-54

反式动作相同,方向相反(图 5-3-55 ~ 图 5-3-58)。

图 5-3-55

图 5-3-56

图 5-3-57　　　　　　　　图 5-3-58

2. 动作重点

右肩的靠与左臂的球合成一顺劲，蓄劲要足，发劲要猛，在一呼一吸、一合一开的瞬间完成动作。

3. 动作劲意

靠劲义何解，其法分肩背。一旦得机势，轰然如捣碓。仔细维重心，失中徒无功。

> **提示**
>
>
>
> 扫描二维码，观看顺逆发劲示范视频

第四节 无极球规定套路

一、初级规定套路

（一）初级十二式简介

初级十二式是通过将无极球初级的热身动作、入门动作、核心动作及松身动作进行串联后形成的一个套路。习练者可以根据场地采取坐式或站式习练，也可以根据时间安排来灵活调整每个动作的习练次数。其结构简单，内涵丰富，易学易练，是较为理想的无极球入门套路。

（二）初级十二式基本动作

1. 预备式

（1）双手抱球置于腹前，身体自然站立，凝神静气，深呼吸一次（图 5-4-1）。

（2）左脚向左侧轻迈一步，两脚之间距离与肩同宽，抱球姿势不变，同时，沉肩坠肘、气沉丹田，呈开立式（图 5-4-2）。

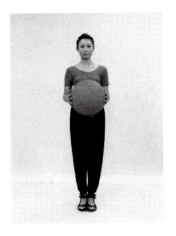
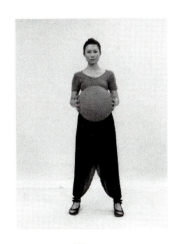

图 5-4-1　　　　　　　　　图 5-4-2

2. 捞举式

（1）预备式结束时双手抱球，开始动作转换。

（2）将球移至胸口，略停后将球贴身体上举，开始捞举式动作（图 5-4-3～图 5-4-6）。

（3）捞举式动作做一次。

图 5-4-3

图 5-4-4

图 5-4-5

图 5-4-6

3. 缠抱式

（1）捞举式动作结束时双手置于胸前两侧抱球，开始动作转换（图 5-4-7）。

（2）双手旋掌，掌心从胸两侧左右相对变为胸前前后相对，左手在外、右手在内，球体转动但位置不变（图 5-4-8）。

（3）右手从胸前移至左腕部并紧握，双臂成环状抱球的直径处压于胸前，开始缠抱式动作（图 5-4-9～图 5-4-11）。

（4）缠抱式动作重复做三次。

图 5-4-7

图 5-4-8

图 5-4-9

图 5-4-10

图 5-4-11

4. 揉腹式

（1）缠抱式动作结束时双臂呈环状抱球压胸前，开始动作转换（图 5-4-12）。

（2）右手掌从左腕处移至球的顶端，将球下压至下腹部，同时左脚向左迈一步呈马步（图 5-4-13）。

（3）右手从球顶部再移至左手腕部并紧握，双臂呈环状抱球的直径处压于下腹，开始揉腹式动作（图 5-4-14～图 5-4-16）。

（4）揉腹式动作顺时针、逆时针各做一次。

图 5-4-12

图 5-4-13

图 5-4-14

图 5-4-15

图 5-4-16

5. 活腕式

（1）揉腹式动作结束时双臂呈环状抱球的直径处压于下腹，开始动作转换（图 5-4-17）。

（2）左脚向右收回呈站式，两脚与肩同宽。右手从左腕部移至球的下部，双手旋掌呈右掌在上左掌在下，掌心上下相对抱球于胸前，开始活腕式动作（图 5-4-18、图 5-4-19）。

（3）活腕式动作右式两次、左式三次。

图 5-4-17

图 5-4-18

图 5-4-19

6. 旋臂式

（1）活腕式动作结束时左掌在上右掌在下，掌心上下相对抱球于胸前，开始动作转换（图 5-4-20）。

（2）双臂略向内环抱呈小臂中部触球，将球抱于胸前。移动中球体转动但在胸前位置不变，开始旋臂式动作（图 5-4-21、图 5-4-22）。

（3）旋臂式动作左式、右式各做三次。

图 5-4-20

图 5-4-21

图 5-4-22

7. 翻肘式

（1）旋臂式动作结束时左臂在上右臂在下，掌心上下相对抱球于胸前，开始动作转换（图 5-4-23）。

（2）双臂略向内环抱成呈肘部触球，将球抱于胸前。移动中球体转动但在胸前位置不变，开始翻肘式动作（图 5-4-24、图 5-4-25）。

（3）翻肘式动作左式、右式各做三次。

图 5-4-23

图 5-4-24

图 5-4-25

8. 顺缠式

（1）翻肘式的结束动作和顺缠式的开始动作一致，无转换动作（图 5-4-26、图 5-4-27）。

（2）顺缠式动作左式、右式各做三次。

图 5-4-26

图 5-4-27

9. 逆缠式

（1）顺缠式的结束动作和逆缠式的开始动作一致，无转换动作（图 5-4-28）。

（2）逆缠式动作左式、右式各做三次（图 5-4-29、图 5-4-30）。

图 5-4-28

图 5-4-29

图 5-4-30

10. 探臂式

（1）逆缠式结束时双小臂前后相对抱球于胸前，左臂在外右臂在内，开始动作转换（图 5-4-31）。

（2）右腿向右侧迈出一步呈半马步，右臂同时同向探出。将球置于右侧大腿上，右臂伸直置于球的顶端，左手扶住球的左侧，开始右探臂式动作（图 5-4-32～图 5-4-34）。

（3）右探臂式动作重复做三次。

图 5-4-31

图 5-4-32

图 5-4-33

图 5-4-34

11. 摩臂式

（1）右探臂式至右摩臂式转换。

① 右探臂式的结束动作和右摩臂式的开始动作一致，无转换动作（图 5-4-35）。

② 右摩臂式动作重复做三次。

图 5-4-35

（2）右摩臂式至左探臂式转换。

① 右摩臂式结束时右臂置于球上，开始动作转换（图 5-4-36）。

② 右脚收回，右臂环抱球向后、向上、向前将球翻至胸前，此时，右小臂压于球上，左小臂托于球下（图5-4-37、图5-4-38）。

③ 将球在胸前做逆缠左式、右式各一次，变为右臂在外、左臂在内抱球（图5-4-39、图5-4-40）。

④ 左脚向左侧迈出一步呈左半马步，左手同时同向探出。将球置于左侧大腿上，左臂伸直置于球的顶端，右手扶住球的右侧，开始左探臂式动作（图5-4-41～图5-4-43）。

⑤ 左探臂式动作重复做三次。

图 5-4-36

图 5-4-37

图 5-4-38

图 5-4-39

图 5-4-40

图 5-4-41

图 5-4-42

图 5-4-43

（3）左探臂式至左摩臂式转换。

① 左探臂式的结束动作和左摩臂式的开始动作一致，无转换动作（图 5-4-44）。

② 左摩臂式动作重复做三次。

图 5-4-44

（4）左摩臂式至收式转换。

① 左摩臂式结束时左臂置于球上，开始动作转换（图 5-4-45）。

② 左腿收回呈站式，双脚与肩同宽。左臂环抱球向后、向上、向前将球翻至胸前，此时左小臂压于球上，右小臂托于球下（图 5-4-46、图 5-4-47）。

③ 将球在胸前做顺缠左、右式各两次（图 5-4-48、图 5-4-49）。

④ 右掌外旋，掌背贴身体中线上提至下腭。接着手掌内旋，与左掌呈掌心左右相对，抱球于胸前（图 5-4-50、图 5-4-51）。

图 5-4-45

图 5-4-46

图 5-4-47

图 5-4-48

图 5-4-49

图 5-4-50

图 5-4-51

12. 收式

（1）双手抱球贴身下移至腹部（图 5-4-52）。

（2）左脚向右脚边收步，身体直立（中正舒松），双手抱球，置于腹部，目视前方（图 5-4-53）。

图 5-4-52

图 5-4-53

扫描二维码，观看初级规定套路示范视频

二、中级规定套路

（一）中级十八式简介

中级十八式作为无极球动作技术的中级套路，是通过将无极球初级核心的顺逆搓、中级核心的顺逆搓，再配合各类步法形成的一个套路。

其动作完备、身法灵活、编排合理、核心突出，是兼具功能性与美观性为一体的优秀套路。

（二）中级十八式基本动作

1. 预备式

（1）双手抱球置于腹前，身体自然站立，凝神静气，深呼吸一次（图 5-4-54）。

（2）左脚向左侧轻迈一步，两脚之间距离与肩同宽，抱球姿势不变，同时，沉肩坠肘、气沉丹田，呈开立式（图 5-4-55）。

图 5-4-54

图 5-4-55

2. 捞举式

（1）双手抱球将球移至胸口，略停后将球贴身体上举，开始捞举式动作（图 5-4-56a～图 5-4-56c）。

（2）捞举式动作做一次。

图 5-4-56a

图 5-4-56b

图 5-4-56c

3. 原地顺缠式

（1）步法不变，双手于胸前左掌在下右掌在上抱球（图 5-4-57）。

（2）做左右顺缠各三次，继续呈左掌在下右掌在上于胸前抱球（图 5-4-58a、5-4-58b）。

图 5-4-57

图 5-4-58a

图 5-4-58b

4. 缠丝桩顺缠式

（1）左脚向右微移，调整重心后向左开一步呈马步，双臂做左右顺缠一次。

（2）双腿开始做缠丝桩，同时双臂开始配合腿部动作做左右顺缠各五次，完成后呈于胸前左掌在下右掌在上抱球，重心落于左脚（图 5-4-59a～图 5-4-59c）。

图 5-4-59a

图 5-4-59b

图 5-4-59c

5. 进步顺前搓式

（1）右脚脚尖点地收于左脚边，再向右侧前迈出呈右弓步，同时双臂做右顺前搓，向右侧前方搓出（图 5-4-60a、图 5-4-60b）。

（2）左脚脚尖点地前收于右脚边，再向左侧前迈出呈左弓步，同时双臂做左顺前搓，向左侧前方搓出（图 5-4-61a、图 5-4-61b）。

图 5-4-60a

图 5-4-60b

图 5-4-61a

图 5-4-61b

6. 定步逆缠式

（1）脚步不动，重心右移呈右弓步，同时左臂做松肘旋臂动作完成逆缠左式（图 5-4-62）。

（2）重心左移，将右脚脚尖点地收于左脚内侧，同时右臂做松肘旋臂动作完成逆缠右式（图 5-4-63）。

图 5-4-62　　　　　　　　图 5-4-63

7. 退步逆前搓式

（1）右脚后退一步呈左弓步，同时右臂完成逆右前搓式（图 5-4-64）。

（2）重心移至右腿，左脚后退一步呈右弓步，同时左臂完成逆左前搓式（图 5-4-65）。

图 5-4-64　　　　　　　　图 5-4-65

8. 定步逆侧搓式

右脚向右侧平开一步，同时双臂完成逆右侧搓式、逆左侧搓式各一次（图5-4-66a、图5-4-66b）。

图 5-4-66a

图 5-4-66b

9. 定步逆前搓式

步法不变，同时双臂完成逆右前搓式、逆左前搓式各一次（图5-4-67a、图5-4-67b）。

图 5-4-67a

图 5-4-67b

10. 定步逆缠式

步法不变，同时双臂完成逆左缠式、右缠式各三次，呈左臂压肘旋掌，右臂松肘旋臂抱球压于左臂上（图5-4-68a、图5-4-68b）。

图 5-4-68a

图 5-4-68b

11. 歇步逆搓绕臂式

（1）步法不变，做逆搓右绕臂式接逆搓左绕臂式（图5-4-69a，图5-4-69b）。

（2）身体右转90°，右脚置于左脚后，下蹲呈左歇步。同时右臂下收，完成左顺缠两次、右顺缠三次（图5-4-70a～图5-4-70c）。

（3）起身左转180°，左脚置于右脚后，完成逆搓右绕臂，此时右臂压肘旋掌收于胸前，左臂松肘旋臂抱球压于右臂上（图5-4-71a～图5-4-71c）。

（4）下蹲呈右歇步，同时双臂完成右顺缠、左顺缠各两次（图5-4-72a、图5-4-72b）。

图 5-4-69a

图 5-4-69b

图 5-4-70a

图 5-4-70b

图 5-4-70c

图 5-4-71a

图 5-4-71b

图 5-4-71c

图 5-4-72a

图 5-4-72b

12. 弓步逆前搓式

左脚向前一步呈左弓步，同时左臂完成逆左前搓式（图 5-4-73）。

图 5-4-73

13. 马步顺缠式

转脚将左弓步变为马步，同时双臂完成左顺缠式两次、右顺式缠一次，成右掌在下、左掌在上抱球于胸前（图 5-4-74a、图 5-4-74b）。

图 5-4-74a　　　　　　　　图 5-4-74b

14. 马步顺前搓式

步法不变，双臂完成顺右前搓式、顺左前搓式各一次（图 5-4-75a、图 5-4-75b）。

图 5-4-75a　　　　　　　图 5-4-75b

15. 马步顺侧搓式

步法不变，双臂完成顺右侧搓式、顺左侧搓式各一次（图 5-4-76a、图 5-4-76b）。

图 5-4-76a　　　　　　　图 5-4-76b

16. 摆扣步顺内绕上搓式

（1）左脚掌内扣带动右脚掌外摆并转体135°，同时做顺左内绕上搓式（图 5-4-77）。

（2）左脚向左一步落在右脚内侧，两脚距离与肩同宽，同时，双臂做左右顺缠各一次过度后完成顺左上搓式（图 5-4-78）。

（3）左脚掌内扣带动右脚掌外摆并转体 135°，同时，做顺左内绕搓式（图 5-4-79）。

（4）左脚向左一步落在右脚内侧，两脚距离与肩同宽，同时，双臂完成顺右上搓式（图 5-4-80）。

图 5-4-77

图 5-4-78

图 5-4-79

图 5-4-80

17. 定步顺缠式

步法不变，双臂做顺缠左式、右式各两次（图 5-4-81a、图 5-4-81b）。

图 5-4-81a

图 5-4-81b

18. 收式

（1）右掌外旋，掌背贴身体中线上提至下腭。接着手掌内旋，与左掌呈掌心左右相对，抱球于胸前（图 5-4-82a、图 5-4-82b）。

（2）收左脚于右脚边，双手抱球落于腹前，身体自然站立，凝神静气，调匀呼吸（图 5-4-83）。

图 5-4-82a

图 5-4-82b

图 5-4-83

> **提示**
>
>
>
> 扫描二维码，请订阅该内容后观看中级规定套路示范视频